学級担任のための
小学校英語活動の進め方
ゲームからドラマづくりまで

まえがき

　2011年の春から、小学校の高学年には英語活動を必修化する計画を文部科学省は進めています。これは小学校の先生にとっては大問題です。もちろん、これまでも英語活動は、ほぼ全ての学校で実施されてきました。しかし、その取り組みはさまざまで、年間を通して体系的な指導をしてきた先生は少数でしょう。それが、たまたま高学年の担任だというだけで、いやおうなく週1時間の英語活動を指導しなければならないのですから、戸惑いが大きいのは当然です。

　もちろん、実施に先立ってはいろいろな研修が行われるでしょう。英語の得意な人や、英語活動に積極的に関ってきた人にとっては、またとない研鑽の機会です。しかし、英語が苦手で英語活動にも不慣れな人には、この研修は指導法と英語が二重に伸し掛かってくるだけに、厳しいものになることが予想されます。ではどうすればよいのでしょうか。

　まず、事前にできることから準備をしておくことです。英語活動で必要な英語力は、英語活動を通して身につけるのが早道です。実際、参考書は店頭にあふれていて、いろいろな興味深い活動例が示されています。そのなかから、自分が自信の持てる活動を選んで取り組むことが大切です。「英語を教える」という考えは一時放棄して、子どもと一緒に楽しみながら自分の英語活動を作りあげてゆくのです。

　具体的には、まず、歌やゲームを中心に5分か10分でできる活動を、空き時間を見つけてやってみます。自信がでてきたら、次は、書かれた英文を読めばできる活動、たとえば、簡単な対話や、英語を聞いて身体で反応する活動などを加えます。そして次第に時間を延長し、内容も発展的なものにしていくのです。

　もちろん、一般的な英語力についても伸ばす努力をします。最も効率的な方法は、学区の中学校で使用している1・2年生用の教科書とCDを借用し、音読練習をして、英語の音声と文法や語彙の基礎を復習することから始めます。こうすることで、必要な英語力ばかりでなく、中学校の英語教育への理解も深まるので、小中の連携の手がかりともなります。

　この発想は、藤沢市教育文化センターの英語・英語活動研究部会で実践した方法です。当初、部会は未経験者ばかりでした。ですから、最初は、できあいの教案を部会で練習し、その後、教室で実践するという方法をとりました。ところが、子どもたちを45分間授業に集中させることができませんでした。そこで、時間を短縮し、歌やゲームを中心にしたのです。これが第1段階でした。その後、次第にテーマや活動の幅を広げてゆき、一方、自主的な勉強で英語力もつけ、3年後には、学年の英語活動を「ドラマづくり」で集約できるまでになったのです。

　また、広島県の三次市立河内小学校で行われている英語活動を、1・2年生クラスから5・6年クラスまで通して参観する機会がありました。ここでは、藤沢市での実践と似た発想が学校全体のカリキュラムとして組み立てられていて、ALTの協力を得たクラス担任が、子どもたちと楽しみながら英語活動に取り組み成果をあげていました。

私たちは、英語活動の主たる目標を「英語でも日本語でも、心と身体を開いて人と関りながら、積極的にコミュニケーションする態度を持った子どもの育成」と捉えています。そのためには、まず、教師が子どもと一緒に活動に取り組み、結果を振り返り、自ら指導力の向上を図る自立した教師でなければならないと思うのです。英語活動が必修になろうとしている今こそ、その覚悟が必要なのです。こうした私たちの願いを、藤沢市や三次市での実践を踏まえて提案したのがこの本です。

　この本は2部構成になっています。第1部ではクラス担任が英語活動を進める上で知っていなければならない知識を、目標の設定、カリキュラムの構成、指導力を伸ばす段階的な方法を中心に解説しています。第2部では、初心者でも子どもと一緒に楽しめる歌やゲームやTPR、英語表現の指導方法を具体的に解説し、さらに、観客と一緒に楽しめる参加劇などの手法も紹介しています。これらの活動には、藤沢市や三次市で実践した際の映像や音声資料があり、そのいくつかは開隆堂のホーム・ページでアクセスできるようになっています。この本を読み、資料を参考に英語活動に取り組んでいただければ、初心者の先生でも楽しい英語活動ができるだけでなく、指導力も向上するものと信じています。参考にしていただければ幸いです。最後に、この本に協力していただいた藤沢市、三次市の皆さん、また、開隆堂の堤さん、平井さんに心から感謝します。

著者代表　佐野　正之

目　次

第1部　　知　識　編

第1章　　目標論
第1節　英語活動の目標 …………………………………………………………… 8
  Q1 「英語活動が小学校で必修化されると聞いて戸惑っています」
  Q2 「改訂された場合、英語活動の目標はどのようになるのでしょうか」
  Q3 「週1時間触れただけで、コミュニケーションに積極的な態度は育つのですか」
  Q4 「総合的な学習の時間から独立した英語活動では、国際理解は目標にはならないのですか」
  Q5 「なぜ、コミュニケーションの意欲と国際理解はセットとなるのですか」
  Q6 「中学校の英語教育の目標はどのようになっているのですか」

第2節　目標の具体化 ……………………………………………………………… 14
  Q7 「藤沢市の場合はどのように英語活動の目標を具体化したのですか」
  Q8 「河内小学校が学校全体で取り組んだ目標を紹介してください」
  Q9 「国際理解やコミュニケーション意欲を目標にして効果はあるのですか」

第3節　英語活動の実践に関する迷い ……………………………………………… 17
  Q10 「国語力の低下が指摘され、英語どころではないと言われていますが」
  Q11 「英語を教えるように言われても、自分の英語力に自信がないのですが…」
  Q12 「中学校との連携に問題があるとされていますが、どうすればよいのですか」

第2章　　目標から実践へ
第1節　教案の作成に向けて ……………………………………………………… 24
  Q13 「英語活動の教案を書きなさいと言われてもどこから手をつければよいのかわかりません」
  Q14 「活動例や教案を探す際の目安を教えてください」
  Q15 「教案はどのような構成になっているのですか」
  Q16 「英語活動に特有な指導法（アプローチ）はあるのですか」
  Q17 「英語活動の評価は、どうするのでしょうか」
  Q18 「英語活動が必修化すれば、教案も教材も与えてもらえるのですか」

第2節　教師トレーニングの4段階 ……………………………………………… 33
  第1段階：基礎的な挨拶表現ができ、英語の歌やゲームがいくつかできる。
  第2段階：挨拶、歌、ゲームなど英語活動の時間を部分的に指導できる。
  第3段階：既成の教案を子どもの実態に合わせて調整し英語活動ができる。
  第4段階：複数の授業を組み合わせて、まとめの活動を展開する。

第2部　実践事例編

第1章　身体を動かす活動 …………………………………………………………… 44

頭をさわりましょう / ドアを指差しましょう / 立ちましょう・座りましょう / 手首を曲げましょう・腰を伸ばしましょう / 右［左］に曲がりましょう / ゆっくり［速く］歩きましょう / 鉛筆をとりましょう / 指でまるを作りましょう / 友だちとAを作りましょう / 起きましょう / 朝ごはんですよ / 温まって、眠りましょう / ネコになって演じましょう / 青虫になって演じましょう / 氷になりましょう

第2章　授業で使える英語表現 ……………………………………………………… 55

1. 日常会話表現（Conversational Expressions）
2. 指示英語（Directions）
3. ALTとの英語表現あれこれ

第3章　英語の歌 ……………………………………………………………………… 72

1. Hello! / 2. ABC Song / 3. Seven Steps / 4. Head, Shoulders, Knees and Toes / 5. Happy Birthday to You / 6. Teddy Bear / 7. BINGO / 8. We Wish You a Merry Christmas / 9. London Bridge / 10. Mary Had a Little Lamb / 11. Hokey Pokey / 12. Pease Pudding Hot / 13. A Sailor Went to Sea / 14. Row, Row, Row Your Boat / 15. Here We Go Round the Mulberry Bush / 16. Are You Sleeping? / 17. Under the Spreading Chestnut Tree / 18. Old MacDonald Had a Farm / 19. Do, Re, Mi / 20. Apples, Peaches

第4章　ゲーム的な活動 ……………………………………………………………… 95

1. Simon Says / 2. スリーヒントゲーム / 3. Missing Game / 4. 身体の部位を使った活動 / 5. これはなんだ？ゲーム / 6. できる？できない？ / 7. ぬり絵遊び / 8. 感情表現を使った活動 / 9. 持っているのはだれ？ / 10. Color Basket / 11. ビンゴゲーム / 12. カルタゲーム / 13. なったつもりゲーム / 14. それはなんでしょう？ゲーム / 15. 曜日と教科を使った活動 / 16. 隠し物ゲーム / 17. 文字遊び

第5章　ドラマ的な活動 ……………………………………………………………… 112

第1節　対話を重ねて、スキットにする。
第2節　TPRからドラマ的な活動に発展させる。
第3節　物語を参加劇にする。
第4節　物語を劇にして上演する活動

参考文献　142

第1部 知識編

第1章 目標論

　この章では、まず、第1節で英語活動の目標を解説し、小学校教育の中での位置づけをQ and A形式で説明します。第2節では、目標の具体化を、藤沢市の研究部会や広島県の河内小学校の例をもとに紹介し、また、こうした目標設定の妥当性を検証します。第3節では、英語活動に関する現場の悩みを紹介し、特に、学級担任が英語活動を指導する意義を説明します。

第1節　英語活動の目標

Q1 英語活動が小学校で必修化されると聞いて戸惑っています。

A 文部科学省は平成19年8月30日に教育課程の改訂枠組みの「検討素案」を中央教育審議会の小学校部会に示しました。そこでは、高学年で「英語（外国語）活動」を週1コマ（45分）必修科目とし、平成23年から実施するとしています。ご存知のように、英語活動はこれまで「総合的な学習の時間」の中で位置づけられ、95.8％の小学校がなんらかの形で実施してきました（文部科学省2006年12月の調査）。だが、具体的な取り組みは学校に任されていましたから、少ない学校は年間で1時間、多い学校では70時間と時間数や内容に学校間の格差が生まれ、中学校との連携が難しいという指摘が以前からありました。今回の「検討素案」はそれを受けたもので、次のように述べています。

☞検討素案

　小学校段階にふさわしい国際理解やコミュニケーションなどの活動を通じて、言葉への自覚を促し、幅広い言語力や国際感覚の基盤を培うことを目的とする英語活動については、現在、各学校における取り組みに相当ばらつきがあるため、教育の機会均等の確保や中学校との円滑な接続等の観点から、国として各学校において共通に指導する内容を示すことが必要である。その場合、目標や内容を各学校で定める総合的な学習の時間とは趣旨・性格が異なることから、総合的な学習の時間とは別に高学年において一定の授業時数（週1コマ程度）を確保することを検討する必要がある。その際、国として、教員研修の充実、指導者の確保や共通教材の提供などの条件整備が必須である。

　この文面では、教育の機会均等や中学校との接続のために必修化が必要だとしていますが、実は、小学校英語を教科として必修にすべきだという社会

☞ 社会的要請

的な要請は、近年ますます強まっており、今回の必修化もその対応の一歩と考えられます。要請を箇条書きにすると、

(1) 保護者の期待：公立小学校の7割以上の保護者が英語を必修化すべきだとしている（文部科学省の調査）。よい職業につくには英語が必要だという認識や「早く始めた方が楽に覚えられる」という考えが広まっている。

(2) 経済界の期待：市場の国際化や海外赴任の増加を受けて、経済同友会ではすでに1999年に「小学校から英会話教育を導入すべきだ」と提言。（読売新聞2006.3.28）

(3) 英語はアジアでも共通語：ASEANやAPECなどのアジアでの国際会議の公用語は英語である。日本の相対的な国力が低下するなかで、日本が国際社会で一定の地位を維持するには、国際的な秩序やルール作りに参加できる人材が不可欠だから、英語力は国家の観点からも必要である。（手塚, 2007）

(4) アジアの英語教育の急激な変化：中国や韓国、台湾、タイでは小学校英語を教科として必修としている。現在、これらのアジア諸国の追い上げは激しく、英語教育の効率化において日本を追い抜いている。（小池, 2007）

(5) 国内の国際化：人口減・老齢化社会にともない、不足する労働力をますます海外に求めなければならず、100万人単位の移民計画を公共政策として打ち出さなければならなくなる。国内でも英語の必要性がましてくる。（舟橋, 2007）

とすれば、時代は小学校英語の教科化を必要としており、英語活動の必修化はその前段階と考えるべきなのかもしれません。

Q2 改訂された場合、英語活動の目標はどのようになるのでしょうか。

A 現行の指導要領には英語活動の目標は記載されていませんが、改訂されれば必修ですから目標は明示されるはずです。だが、現段階では公開されていません。しかし、先に引用した「素案」から推測すれば、その内容は、平成13年に文部科学省が作成した『小学校英語活動実践の手引き』（以降、『手引き』と省略）にある「英語活動のねらい」と類似したものとなると思われます。また、それまで英語活動に否定的だった当時の伊吹文部科学大臣が「素案」の提示に際して、「国際化時代に外国の雰囲気や言葉に触れるのを否定しているわけではない」（朝日新聞2007.8.31）と発言しているからです。この「触れる」が英語活動のキー・ワードなのです。『手引き』では「英語活動のねらい」は次のように記載されています。

☞ 『手引き』の中の「ねらい」

児童期は、新たな事象に関する興味・関心が強く、言語をはじめとして、

異文化に関しても自然に受け入れられる時期にある。このような時期に英語に触れることは、コミュニケーション能力を育てる上でも、国際理解を深める上でも大変重要な体験になる。「英語活動」そのものが異文化に触れる体験となり、さらに、外国の人や文化にかかわろうとするときの手段として、英語を活用しようとする態度を育成することにもつながる。すなわち、言語習得を主たる目的とするのではなく、興味・関心や意欲の育成をねらうことが重要である。

☞「触れる」がキーワード

上の文章の要点は、英語に「触れる」ことで「外国の人や文化にかかわろうとするときの手段として、英語を活用しようとする態度」と、「言語習得を主たる目的とするのではなく、興味・関心や意欲の育成」をねらうという部分です。換言すれば、英語の勉強が目標ではなく、外国に対する興味・関心や、外国の人と積極的に英語でコミュニケーションしようとする意欲を育成するために英語に触れさせるのだとしているのです。

Q3 週1時間触れるだけで、コミュニケーションに積極的な態度は育つのですか。

☞「学習」と「獲得」

A 確かに、疑問が生まれるのも当然です。ここで注意しなければならないのは、「触れる」という語です。『手引き』には英語版が付いていますが、そこでは「触れる」はexpose（さらす、接触させる）と訳されています。言語習得理論ではexposeという語は、英語を努力して覚えこむ「学習」とは対極的な意味で、自分で自然に覚える「獲得」を生む場合に使われる語です。「学習」の代表的な例が学校で文法のルールや単語を学習し、それを勉強して記憶する活動なのに対し、「獲得」の代表的な例は、移民の子どもが周囲の英語に晒される（exposeされる）ことによって、遊びや生活のなかで自然に覚える場合です。ですから、英語活動では「無理に暗記させるやりかたではなく、楽しみながら、自然に覚えられる活動をする」という意味なのです。活動を楽しむことができれば、子どもは当然、英語に関心を抱くし、覚えたことを使おうとするのでコミュニケーションに積極的な態度も生まれるのです。

では、「触れさせる」にはどのような活動があるのでしょうか。この点に関して、『手引き』では次のように説明しています。

☞「英語活動」での活動の中身

小学校においては、子どもの発達段階に応じて、歌、ゲーム、クイズ、ごっこ遊びなどを通して、身近な、そして簡単な英語を聞いたり話したりする体験的な活動を中心に授業が構成されることから、この『手引き』では「総合的な学習の時間」で扱う英会話を「英語活動」と呼ぶことにした。

さらに、次のような留意点を挙げています。
(1) 子どもの「したい」「言いたい」ことを活動内容に生かし教材化してゆくこと。
(2) 子どもの日常生活に身近な英語を扱う。
(3) 音声を中心に活動を行う。
(4) 子どもの好奇心や期待に沿う内容を選択し、擬似的な体験を通して英語に親しむ配慮が必要である。

すると、この「英語活動のねらい」は、目標のほかに、指導方法までも具体的に記述していることが分かります。その理由は、英語活動は中学校以降の英語教育とは異なるということを強調するためだと考えられます。この点は後述します。

Q4 総合的な学習の時間から独立した英語活動では、国際理解は目標にはならないのですか。

☞ 現行の国際理解教育のねらい

A 現行の英語活動は、国際理解教育の中で「国際交流」や「調べ学習」と並んで位置づけられていますが、改訂版指導要領では「総合的な学習の時間」とは切り離されて、「道徳」などと同じ扱いになると考えられます。しかし、現行の指導要領の「生きる力」の育成をねらいとした精神は引き継ぐとされていますから、その基本方針の第一に挙げられている「豊かな人間性や社会性、国際社会に生きる日本人としての自覚を育成する」というねらいは引き継がれるはずです。当然、現行の国際理解教育のねらいも大筋で受け継がれるでしょう。それは、『手引き』で次の3点にまとめられています。

(1) 広い視野を持ち、異文化を理解するとともに、これを尊重する態度や異なる文化を持った人々と共に生きていく資質や能力の育成を図ること。
(2) 国際理解のためにも、日本人として、また、個人としての自己の確立を図ること。
(3) 国際社会において、相手の立場を尊重しつつ、自分の考えや意思を表現できる基礎的な力を育成する観点から、外国語能力の基礎や表現力等のコミュニケーション能力の養成を図ること。

改訂版では(3)の「表現力」や「コミュニケーション能力の養成を図る」が多少強調されるでしょうが、そこでも「国際社会において、相手の立場を尊重する」という異文化理解の視点や、さらにその根底に「異文化を尊重し、共に生きる」という人権意識や共生の精神が失われるはずがありません。相手の文化に差別意識を持っていては、コミュニケーションに意欲的になれないからです。事実、小学校英語ではコミュニケーションの意欲と異文化理解は、セットとして語られることが多いのです。

Q5 なぜ、コミュニケーションの意欲と国際理解はセットとなるのですか。

☞ 授業時数と目標

A　日本人が英語でコミュニケーションをするときの相手は、言語はもちろん、習慣や価値観が異なる異文化を持った人です。異文化間コミュニケーションには、英語を使いこなすスキルと同時に、コミュニケーションの意欲や相手を理解し尊重する態度が不可欠です。とすれば、意欲と国際理解がセットとなるのは当然ですが、実はより現実的な理由もあるのです。中学校や高校の英語を見れば分かるように、スキルを身につけるには多くの時間が必要です。一方、相手の文化に対する興味やコミュニケーションの意欲を持たせるだけなら、少ない時間でも達成が可能です。実際に日本の私立小学校の英語教育でも、週1時間の授業時数の場合は、スキルよりも国際理解や態度の育成を目標にしているところが圧倒的に多いのです。(佐野：2004)

　この点は外国でも常識となっているようです。たとえば、小学校での外国語教育に長い経験をもつアメリカでは、FLES（Foreign Language in the Elementary School：小学校外国語学習）とFLEX（Foreign Language Exploratory：外国語体験学習）は区別して扱うべきだとされています。前者は外国語でのコミュニケーション能力、特に口頭でのコミュニケーション能力を伸ばすことを意図した教育で、これが成功するには少なくとも全授業時数の5％から15％を指導に割かねばならないとされています。日本の小学校に換算すれば、週に1.5から4時間になるでしょう。ただ、アメリカで外国語として学習されるのは多くの場合スペイン語で、文法や語彙に英語との類似性があることを考えれば、日本の小学校で英語教育を実施するなら、最低でも週に3～4時間は必要でしょう。

　一方、FLEXでは、基礎的な単語や表現などは教えますが、主として体験させることで動機付けや異文化理解をねらうとされています。それでも全体の授業の5％は欲しいとされています（Shrum and Glisan:60-61）。ということは、日本に換算すれば最低でも週に1時間ないと、動機づけさえおぼつかないということなのです。

　結局、日本の英語活動はFLEXと同様に「言語習得を主な目的とするのではなく、異文化への興味・関心や、コミュニケーションへの意欲の育成」を目標とするのは、妥当な判断だと言えるでしょう。

■第1章 目標論

Q6 中学校の英語教育の目標はどのようになっているのですか。

A 中学校の学習指導要領も改訂されますから、英語教育の目標も多少の変更はあるでしょうが、基本的な方針は変わらないはずです。現行の指導要領では次のようです。

　外国語を通じて、言語や文化に対する理解を深め、積極的にコミュニケーションを図ろうとする態度の育成を図り、聞くことや話すことなどの実践的コミュニケーション能力の基礎を養う。

これは以下の3つの柱から成り立っています。

☞ 3つの目標

(1)　外国語を通じて、言語や文化に対する理解を深める。
(2)　外国語を通じて、積極的にコミュニケーションを図ろうとする態度の育成を図る。
(3)　聞くことや話すことなどの実践的コミュニケーション能力の基礎を養う。

☞ 英語活動との違い

　このように3つを並列すると、そのそれぞれが同じ重要な目標のように見えてしまいますが、実は(3)の実践的コミュニケーション能力の養成が主であり、異文化理解に関係する(1)や、コミュニケーションの意欲に関る(2)は、(3)をサポートする従の目標とされているのです（文部省:平成11年）。すると、英語活動の目標とは主従の関係が逆転していることが分かります。英語活動では、「意欲」が主で、「能力」は従なのです。

☞ 英語活動の目標のあいまいさ

　ただ、このことを踏まえても、英語活動の目標として示されている「自分の考えや意志を表現できる基礎的な力を養成する観点から、外国語能力の基礎や表現力等のコミュニケーションの能力の養成を図る」という文言はあいまいです。ここでの「表現力」とか「コミュニケーション能力」とかは、英語での表現力なのか、日本語でのものも含むのか解釈が分かれます。こうしたあいまいさは、ある程度意図的なものだと考えられます。「総合的な学習の時間」に位置づけられている限りは、それぞれの学校が主体的に判断して目標を設定しなければならないからです。別の言い方をすれば、それぞれの学校なり地域が置かれている状況や条件の中で、この抽象的な目標を再定義して、具体化を図ることで指導方針を確定することが必要なのです。次の節では、この点を論じます。

13

第2節　目標の具体化

Q7 藤沢市の場合はどのように英語活動の目標を具体化したのですか。

A 藤沢市の英語活動は、研究指定校で進められたのではなく、藤沢市教育文化センターが、英語活動・英語科研究部会（以後、部会と省略）を2003年4月に立ち上げ、中学校の英語科教員2名、小学校3名を研究員とし、それに教育センターの研究主事と外部からのアドバイザーとして佐野が加わって発足したものです。ところが、だれも英語活動を実践したことがなかったので、全くの白紙からのスタートとなりました。当初は、『手引き』に書かれている解説や教案を参考に、英語活動の目標について検討を重ねてきました。

その中で次第に明確になってきたことは、ALTや外部講師の手当てのない状態で、ごく普通のクラス担任が中心となって進めざるをえない藤沢市では、まず、英語を教えるという発想は捨て、小学校教育の一部として子どもに意味のある活動を、日本語と英語を併用して進めるしかないということです。すなわち、「ごく普通のクラス担任ができる英語活動」をキャッチ・フレーズに、まず、「藤沢の英語活動でめざす子どもの姿」を捉えることにしました。英語活動をすることで、子どもにどのような変化を期待するかということです。その結果、次のように「めざす姿」を設定しました。

☞ めざす子どもの姿

＊自分の考えや気持ちを、言葉（英語と日本語の両方）だけでなく、表情・体の動きなども使って伝えようとする姿。
＊相手の言葉（英語と日本語の両方）や体の動きや表情を共感的に理解しようとする姿。
＊言語や意見の違いを乗り越え、協力して課題の解決に当たろうとする姿。

日本語であっても、英語であっても、自分と異なる感じや発想を共感的に理解し、全身を用いて気持ちや意見を表現しあうことによって、仲間意識を高め課題に取り組む子どもの姿を想定したのです。その上で英語活動の目標を次の2点に設定しました。

☞ 藤沢市の英語活動の目標

(1) コミュニケーションに積極的な態度：自分の思いを伝えたり、相手を共感的に理解したりするための道具のひとつとして英語を使おうとする態度を育成する。

(2) 国際理解の推進：一番身近な外国語である英語に触れることで、日本語と異なる音、リズム、表現の仕方に気付き、また、それを用いて表現することで、外国や外国語に興味を持つばかりでなく、日本語で固まった感性を開き、心を広げ、豊かな感覚を養う。（藤沢市教育文化センター：2006）

■第1章　目標論

Q8 河内小学校が学校全体で取り組んだ目標を紹介してください。

☞ コミュニケーション能力の定義

A 河内小学校は広島県の三次市にある山間の小さな学校ですが、平成13年から市の研究指定校として「総合的な学習の時間」の中での英語活動のあり方を3年間研究し、その成果を紀要に発表しています。そこでは、まず、「コミュニケーション能力」を

＊言語能力（特に英語を聞いたり話したりする力）
＊好ましい人間関係を築く資質（自己理解、自己受容、他者理解、他者受容、共感や思いやり）と定義しています。

結局、英語能力だけでなく、人間としての資質を伸ばすのでなければ、本当のコミュニケーション能力の育成には繋がらないという発想がここにはあります。そうした理解の上にたって、「英語活動のねらい」として次の3点を示しています。

☞ 河内小での英語活動の目標

(1) コミュニケーション能力・態度の育成：英語に慣れ親しみ、英語に対する興味・関心を高め、進んでコミュニケーションを図ろうとする態度を養う。

(2) 異文化・自国文化の理解：外国の文化や自分の国の文化に対する関心を高め、豊かな国際感覚を培う。

(3) 人間関係づくり：楽しい活動を通して、だれとも仲良くしようという温かい心を育てる。

河内小学校の場合は、市の教育委員会の協力で各学年毎月2時間、ALTとの協働授業が可能だということがあり、多少英語能力を重視した設定になってはいますが、基本的には、藤沢市の研究部会の目標と非常に類似しています。こうした類似は、言葉の壁を乗り越えた人間関係づくりを日日の授業でめざすという点で、両者が共通しているからです。

だが、こうした英語活動でコミュニケーションに積極的な姿勢を生み出したり、また、人間関係も良好にする能力や態度を育てることはできるのでしょうか。それを藤沢市や河内小学校の実践の結果から探ってみましょう。

Q9 国際理解やコミュニケーション意欲を目標にして効果はあるのですか。

☞ 藤沢市の場合

A 藤沢の実践は学校全体を巻き込んだ研究ではなかったので、検証は子ども観察が中心にならざるをえませんでしたが、授業のビデオ分析をして部会で話しあった結果、目標設定は間違っていなかったと結論づけています。英語活動を体験した子どもは英語を聞いたり話したりすることにより積極的になり、日本語でのコミュニケーションにも前向きに取り組むようになりました。その結果、クラス内の人間関係も良好になり、他の授業でも発言が活発になったと報告されています。また、英会話に必要な基礎的な語彙や表現の定着も見られ、英語を聞くことに抵抗感が少なくなったと報告されています。（藤沢：54-35）

河内小学校では毎授業時での子どもの振り返りの記述や教師の観察だけで

■第1部　知識編

☞ 河内小学校の場合

なく、全校アンケートで効果を検証しています。それによると、「英語活動はとても楽しい」と捕らえている子どもは38%、「楽しい」と答えた子どもは68%で、ほぼ全員が英語活動に前向きであることが分かります。次の「英語活動で楽しいと思うときはどんな時ですか」という質問には、ゲームが一番の人気で30%でしたが、高学年になるとALTから外国の話を聞くことが楽しいという答えが30%近くまで上昇しています。次の「恥ずかしがらずに英語活動に取り組めましたか」に対しては、「よく出来た」「まあできた」を合わせると85%になり、積極的に取り組んだ様子がうかがえます。「英語を使ってみたいと思いますか」という質問には、「とても思う」「思う」を合わせると89%になり、英語活動の目標を達成したと言えます。また、日本語でのコミュニケーションにも積極的になった、クラスの人間関係が良好になったなどがアンケートや授業ごとの感想文から読み取れます。（河内：37-42）

☞ 共通して現れた効果

この傾向は、英語活動を展開してきた多くの学校にあてはまるようです。渡辺寛治氏（2007）は、次のように書いています。

　　平成4年度から行ってきた小学校の英語活動で得た成果とは、英語のスキル習得と定着をねらいとするのではなく、ALTと一緒に楽しく英語活動に取り組んだ子どもたちのほとんどは、外国人と臆することなくコミュニケーションをとることができるようになり、ほかの授業にも好影響を与えたことであった。この積極性は、国際化の進むなか、これからの日本人に必要な資質である。

とし、これが十数年に渡る英語活動の成果のエッセンスだとしています。結局、週に1時間しかできない英語活動では、スキル習得ではなく、国際理解（＝異文化に対する興味づけ）やコミュニケーションに積極的な姿勢の育成に目標を絞ったほうが成功する可能性が高いということです。とは言え、実践に関して、現場での迷いはいくつかあります。次節では、その代表的な問題について解説し、対策を考えてみましょう。

第3節　英語活動の実践に関する迷い

Q10 国語力の低下が指摘され、英語どころではないと言われていますが。

A 子どもたちの読む力や書く力が近年低下してきているという指摘はよく聞かれます。国語力は小学校の教育では最も重要な能力ですから、この低下が事実だとすれば、ゆゆしき問題です。だが、このことが社会的に注目を浴びたのは、PISAのテスト結果が悪かったためですから、そのことを考えてみましょう。

☞PISAとは

　PISAとは国際学習到達度調査（Programme for International Student Assessment）の略です。経済のグローバル化の進行にともない、子どもたちはますます国際的な競争の中で、相互依存の道を探っていかなければならない。そのためにはそうした力を持った子どもの教育を各国が実施しなければならない。それには学力の現状を知るためのグローバル・スタンダードが必要だという趣旨で、OECD（経済協力開発機構）が中心になって、全世界で25万人以上の義務教育を修了した生徒（日本では高校1年生）を対象に、2000年、2003年、2006年に実施されてきたものです。

☞PISAの衝撃

　今、問題となっているのは、読解力（Reading Literacy）のテスト結果が2000年度には世界で8位だったものが、2003年には14位に落ち、しかも1位のフィンランドからの差も大きくなったからです。それが「読解力の低下は総合的な学習の時間のせいだ。英語活動で遊ぶ時間があるなら、国語力をつける指導をすべきだ」と喧伝されたのです。

　私はこの批判は理屈に合わないと思っています。なぜなら、2003年に試験を受けた日本の高校1年生は、実は、2002年に実施された「ゆとり教育」の影響をほとんど受けてはいないはずだからです。ですから、読解力の低下は「ゆとり教育」のせいという以上に、それ以前の「詰め込み教育」のせいだと言ったほうが正確でしょう。ところが、この結果がなぜか「ゆとり教育の見直し」だとか、総授業時数の1割増しの根拠とされ、今回の改訂で実施が決まりました。

☞「読解力」の中身

　さらに問題なのは、「読解力」の中身が吟味されないまま、結果だけが先走って利用されていることです。PISAのホーム・ページによれば、「読解力」とは書かれている事実を拾い出すだけではなく、全体から書き手の意向を読み取ったり、論理の流れを解釈して結論を導きだし、自分の言葉でサマリーを書いたり、さらに自分の持っている情報や知識を用いて、読んだ内容や様式を評価する能力なのです。日本の生徒の弱点は書かれた内容の論理的な関係性を解釈し、自分の言葉で論述する問題や、評価や意見を問う問題に無回答が多いことです（国立教育政策研究所：69-71）。そうすると、単純に国語の時間を増やし知識の量を増加させても解決できる問題ではありません。

■第1部　知識編

　　事実、この2回のテストで、常に世界一の座にあるフィンランドでは、7歳から14歳までの子どもが受ける授業時間数は5,524時間、それに対して日本は6,365時間と報じられています（朝日新聞2006.1.3）。とすれば、時間数以上に、徹底的に日本の教育に欠けているものがあり、それがこうした結果に影響していると考えざるを得ません。

　　一つのヒントは、「読解力」で上位を占めている国、たとえば、フィンランド、カナダ、ニュージーランド、オーストラリアなどは、多くの民族が混じりあって生活する国で、そこでは常に異なる発想の人を理解し、意見を述べ合い、共生の道を探る必要性にせまられています。上位国で唯一の例外は韓国ですが、ここではすさまじい受験戦争の一方で、小学校では英語教育が必修となり、中学校・高校では第2外国語が選択必修となるなど、日本よりはるかに積極的な外国語教育政策が実施されているのです。

☞生きる力と読解力

　　すると、このPISAの求める学力とは、実は、現行の指導要領で国際社会を「生きる力」とされたものに類似しています。知識を暗記するのではなく、自分で問題を発見し、主体的に考え、解決の方法を探る力は、「総合的な学習の時間」の目標と合致するのです（教育科学研究会：15）。とすれば、PISAの衝撃は、現行の指導要領の精神をよりよく生かすために、もっときめ細かな財政的手当てや質の高い教員養成を保証する教育行政の必要性を指摘しているのだと私は考えます。事実、国内総生産比で見た場合、日本の教育に対する公的支出は、世界の先進国の中で2番目の低さだと報じられています（朝日新聞2007.9.19）。英語活動にしても、所期の目標を達成するためには、長期的には教員養成のあり方の改善、短期的にはALTや外部講師の手当など、より持続的な財政的・人的支援こそ必要なのです。

Q11 英語を教えるように言われても、自分の英語力に自信がないのですが…

☞英語を教えることの不安

A　小学校の先生は英語を教える訓練は受けていないし、英語は苦手だという人も少なくないでしょう。ある民間会社が2006年に実施した英語活動の必修化にともなう現場の課題を問うたところ、一番に挙げられたのが「教材の開発や準備のための時間が不足（92.7%）」、2番目は「教員の英語力不足（81.8%）」という結果で、ある教師は「小学生で学ぶ意味は英語に耳が慣れることだと言われているのに、私の発音でいいのと不安を感じる」と述べています（朝日新聞2007.8.31）。必修化にともない、事前の研修がかなり徹底して行われたとしても、先生たちの英語力への不安は簡単には払拭できないでしょう。

　　現実的な解決方法としては、複数の教師によるティーム・ティーチングをできるだけ取り入れ、そこに英語力のある英語専門の小学校教員やALT、または中学校の英語教師や地域のボランティアの協力を得る方策をとることです。差し当たりは「英語を教える」部分ではその人たちの力を借り、クラス

担任は子どもと一緒に「英語活動を楽しむ」ことに集中します。もちろん、一人で担当する時間はあるでしょうが、そこでは前時に学習した活動の復習や、次の時間の準備的な活動を中心に展開するようにします。

一方で、学区の中学校で使用している1年生と2年生の教科書とCDを借用し、通勤時間などを利用して英文を聞いて音読練習をして、発音や単語や文法を再学習します。2年生の英語で、英語活動はおおむねカバーできます。また、中学校の教科書の言語活動には、小学校で利用できる例も沢山あります。ですから、クラス担任は英語力の不足をあまり気にせず、英語活動に積極的に関って欲しいのです。クラス担任には英語力の不足を補ってあまりある利点があるのですから。そのいくつかを紹介します。

☞ クラス担任の長所

(ⅰ) 積極的な態度を育成するには、担任が主体となって教えたほうが効果的である。

クラス担任は子どもが学校で一緒に過ごす時間が最も長い人物です。そのクラス担任と英語で楽しい体験を持つことは、子どもたちの英語に対する姿勢に影響を及ぼさないではおきません。このことは、たとえば、オランダの小学校に英語教育が導入された段階で、小学校のベテラン教師が教えたクラスと、中学校の英語教師が教えたクラスの成績を相当数集めて比較したところ、小学校の先生が教えたクラスのほうが全体的に成績もよく、英語に対する姿勢もよりポジティブだったと報告されている（Koster）ことからもうかがえます。

☞ ロール・モデルとしての担任

この点に関して松川氏（2004）は、クラス担任の見本としての役割（ロール・モデル）の重要性を次のように指摘しています。

さらに大事なことは、ロール・モデルとしての学級担任の役割である。ALTの話す英語は確かに「英語のモデル」である。しかし、英語の母語話者としてのALTが、学習者としての子どもたちの目指す「人間モデル」ではないと思う。つまり、子どもたちの目指すべきものは、英語の母語話者になることではないはずである。外国語としての英語を努力して使って、ALTと生き生きとコミュニケーションを図っているひとりの大人としてのモデルが学級担任に果たせるし、また、果たすべきロール・モデルであると思う。英語が滑らかに口から出てこないにしても、堂々とALTと話し、楽しそうに付き合う担任の姿から、英語は決して難しいものでも、特別なものでもないことを子どもは感じ取れるのではないだろうか。

☞ それ以外の役割

この指摘は、普通の小学校の先生を励ますものです。ただ、これ以外にもクラス担任が果たす役割はいろいろあります。まず、最も大切な役割は、ク

ラスのムード作りです。協力して学習を進めるムードの確立しているクラスでは、英語活動も効果的に進むし、そのことがまた、他教科にもよい影響があるのです。2番目の役割は、クラスのメンバーがより深く知り合い協働する課題を英語活動の中で設定できることです。担任は子どもの個性を理解しているばかりでなく、他教科の学習内容や学校生活を熟知しているので、適切な英語活動のテーマを設定することができます。この意味では、英語専科の日本人教師より恵まれた状況にいるのです。

☞ 言葉の教育として

(ii) 担任は日本語でのコミュニケーション能力の育成にも役立つ。

担任は子どものつまづきや不安への対応などがきめこまかくできることは当然ですが、そればかりではありません。日本語のコミュニケーション能力の育成にも役立ちます。最近、「ことばの教育」の重要性が指摘され、いろいろな教科の中で「ことば」の効果的な使い方や論理的な思考が指導されています。だが、英語活動の中でこそ、もっとも基礎的な「ことばの教育」ができるのではないでしょうか。

☞ 挨拶ができない子どもへの対応

近年、日常的な挨拶ができない子どもや、人との対話ができない子どもが話題になっています。その子たちに、日本語で挨拶をするように強要しても、一度閉ざした心の扉を開くのは並大抵ではありません。ところが、英語という新しいチャンネルを与えることによって、その子どもたちにも再チャレンジの機会を与えることになるのです。

☞ 新しい言語との出会いが心を開く

私の教え子で今、中学校の英語の先生として活躍している人がいます。その人は小学校時代にいじめに会い、登校拒否に近い状態になったそうです。ところが、中学校に入学して出合った英語の授業で、みんなと英語で大きな声で挨拶や対話を交わしているうちに、友だちに心を開き、学校生活を楽しむことができるようになったと話してくれたことがあります。応用言語学者のR. ステビック（Stevick:,1976;54-55）は、「外国語の発音の良い人は、その言語を学習し始めたときに、なんらかの理由で自己像が脅かされていて、その修復を新しい言語に求めた可能性がある」と言っています。新しい言語との出会いは、こうした心を開くチャンスとなるのです。ALTなどの協力を得ながらクラス担任が英語活動の指導に当たることで、こうした子どもを救える機会となるかもしれません。

そればかりではありません。通常の「ことばの教育」では、効果的なことばの使用を促すスキル面が重視される傾向があります。しかし、「ことば」で大切なのは、スキル以上に「感じる心」であり、身体から生まれる表現です。英語活動をこの視点から捕らえ直すことによって、英語の歌や挨拶やドラマ的な活動は、「ことばの教育」の原点ともなりうるのです。たとえば、「浦島太郎」のドラマ化を想定した場合には、劇の筋やせりふを考える活動

に加えて、身体表現が加わってくるので、より強く表現意欲を刺激するのです。なぜなら、「ことば」は心と身体に深く結びついているからです。

☞ 自己防衛装置を取り除く

(iii)　担任やALTとの楽しい英語活動がlanguage ego の克服に役立つ。

　これは、私が大学生を対象に実施したwriting の能力の伸びに関する調査（1997）のアンケートやインタビューから偶然発見したことなのですが、小学校時代に楽しい英語活動やネイティブとの会話を経験した学生は、半年ほどコミュニケーションを中心にした指導を継続すると、英文を書く能力が急速に伸びる。同じように小学校時代に英語を勉強しても、中学英語を先取りしたような学習経験は役立たない。楽しい体験だけが英語に対する姿勢をオープンにしてくれる。その姿勢は、大学受験などの影響で一時期は消えたように見えても、コミュニカティブな指導が与えられると再び息を吹き返し、積極的な姿勢を取り戻すというものです。こうした現象が生ずるのは、外国語学習の妨害要素であるlanguage ego（母語によって無意識的に養成された自己防御の姿勢で、外国語を脅威として感じさせ、それを避けようと働く）が、幼い頃に克服できていたからだと考えられます。

　これとは逆に、受験英語で「書くことは和文英訳である」と信じ込んでいる学生は、英語での自己表現に恐怖感を抱き、自由英作文になると、まるで凍りついたように何も書けないことがよくあります。当然、書く能力の伸びも芳しくありません。language egoの克服は、年齢が高くなり、自己像が強固に確立されるにつれて難しくなるのです。

　とすれば、松川氏が指摘されているように、小学校の英語活動の教師には、完璧な英語力の持ち主よりも、子どもと一緒に英語を学び、楽しむことによって、英語の楽しさを味わせてくれるクラス担任が最適だということになります。

Q12 中学校との連携に問題があるとされていますが、どうすればよいのですか。

A　英語活動に関して中学校で一番苦労する点は、小学校で誤って教えられた英語を削ぎ落とすことではなく、英語活動への取り組みがばらばらで、1年生の英語に対する姿勢や能力が大きく異なるという点です。文部科学省が英語活動の必修化に取り組んだのも、このギャップを埋めるために、高学年では同じ内容の英語活動に取り組ませる必要があると判断したからです。ですから、ちょうど、「道徳教育」で全国一斉に副読本が配布されたように、英語活動でもカリキュラムや教案や教材が準備され、ほぼ同じような英語活動を展開することで、この問題の克服を目指すことになるでしょう。また、そのための教員研修が行われることと思います。

☞ 一斉教材と連携

　だが、高学年のカリキュラムと教材を揃えただけで、一律の英語活動が行われるとは考えられません。低学年や中学年での取り組みが進んでいて、す

でに文部科学省の示す計画をはるかに越えた内容を指導している学校もあるでしょうし、逆に、それまでの取り組みが不十分なまま高学年で英語活動が必修化されたときには、教案に書かれている英文を読んで和訳するだけで終わる学校も出てくるでしょう。そうなれば、英語嫌いが大量に生まれるでしょう。高学年で英語活動が必修化されたというだけで、小中の連携がうまくいくとは考えられません。では、どうすればよいのでしょうか。

☞ 地域での小中の連携

必修化に先立って、地域での小中の連携を図る必要があります。たとえば、地域の教育委員会が主催して、小学校と中学校が互いに授業を公開して相互理解を深めたり、また、両方で納得できる共通の到達目標を設定し、指導法についてもある程度の共通理解をもつことが理想です。事実、多くの先進的な地域では、こうした取り組みが実を結んでいます。たとえば、さいたま市では、小中一貫の「英会話」のカリキュラムを作成し、全市で取り組んでいます（さいたま教育委員会：平成18年）。さいたま市の場合は、ALTや多数の外部講師の支援が期待できる恵まれた環境だから、それが可能になっているのです。

しかし、これほど手厚い支援は期待できない場合でも、小中の連携のためになんらかの対策を立てることは可能です。三次市では英語活動の行動目標を can-do の形で整理して、進学する中学校に報告するという試みを検討中です。検討中のリストを紹介します。

☞ 英語活動can-doリスト

英語活動 can-do リスト

小学校の英語活動を振り返り、どんな感想を持ちましたか。何ができるようになりましたか。中学校ではどんなことを頑張りたいですか。

問1　全体的にみて、英語活動は楽しかったですか。
　　　　（とても楽しかった、楽しかった、あまり楽しくなかった、嫌だった）
　　その理由を教えてください。

問2　どんなことができるようになったと思いますか。だいたいできるという項目には丸を、
　　　自信がないときには三角を、全然できないときには×を書き入れてください。
1）初対面の人と挨拶ができる。　（　　　　）
2）日常の挨拶やお礼のことばが言える。　（　　　　）
3）人の名前を尋ねたり、簡単な自己紹介ができる。　（　　　　）

4）友だちや家族を紹介することができる。（　　　　）
5）数をたずねたり答えたりすることができる。（　　　　）
6）値段をたずねたり答えたりすることができる。（　　　　）
7）日付や曜日や時間をたずねたり答えたりすることができる。（　　　　）
8）自分の日常生活の習慣を話すことができる。（　　　　）
9）住んでいる町の簡単な道案内ができる。（　　　　）
10）季節や月の名前を言うことができる。（　　　　）
11）天候について、たずねたり答えたりすることができる。（　　　　）
12）特別な日（誕生日、祭日）などを言うことができる。（　　　　）
13）教室にある品物をたずねたり答えたりすることができる。（　　　　）
14）色の名前を10ケ言うことができる。（　　　　）
15）好きな食べ物やスポーツ、音楽、趣味などについてたずねたり答えたりできる。（　　　　）
16）身体の主要な各部を言うことができる。（　　　　）
17）基本的な動作（立つ、歩くなど）を言うことができる。（　　　　）
18）自分の気持ちや気分（幸せ、寂しい、腹がへったなど）を言うことができる。（　　　　）
19）自分のしたいことや将来なりたいことを言うことができる。（　　　　）
20）言いたい表現が分からないとき、ALTにたずねることができる。（　　　　）

問3　あなたは中学校の英語では、どんなことができるようになりたいですか。いくつ書いても構いません。
（例）英語がもっと聞けるようになりたい。英語が自由に話せるようになりたい。

　この章をまとめてみましょう。英語活動はALTや英語が得意な人たちの力も借りながら、結局のところ担任が子どもたちに、言語や文化に開かれた英語体験を与えることによって、子どもの心と身体を開き、クラスの友だちとはもちろん、外国からの人にもオープンな態度で接することができ、コミュニケーションに積極的な子どもを育てることを目標にすべきだということでした。

■ 第1部　知識編

第2章　目標から実践へ

　この章では、英語活動を教室で実践する際に関する問題を説明します。第1節では、教案を作成するまでに出くわす疑問を、第2節では、初めて英語活動に取り組むことになった先生が、どのような段階を踏んで指導力を伸ばしたらよいか、その過程に4つの段階を想定し、それぞれの留意点を解説し、モデル教案を示します。

第1節　教案の作成に向けて

Q13　英語活動の教案を書きなさいと言われてもどこから手をつければよいのかわかりません。

A　戸惑うのは当然です。他の教科では教える内容が決まっていて、それを各学年や学期に分割してカリキュラムを作成し、それに沿って指導案を作成します。いわば、トップ・ダウン方式で決定してゆくのですが、子どもの興味や関心を中心に活動内容を考えなければ英語活動では、この方式が通用しません。

　そこで、普通行われる方法は、先進校の教案や販売されている活動集から面白そうな例を選んで実践し、手探りで活動例をストックしてゆきます。それを組み合わせて教案を作り、教案を集積して学年や学校全体のカリキュラムの作成につなげてゆくのです。ですから、実践からカリキュラムに向かうボトム・アップの方式が実際的です。

Q14　活動例や教案を探す際の目安を教えてください。

A　英語活動の目標によって目安は変わりますが、藤沢市と類似しているなら、

(1)　挨拶に人間関係を深める工夫があるか。

　　挨拶はコミュニケーションの基本です。笑顔で挨拶を交わし、仲間意識を高めることが大切です。その具体的な方法が示されている教案がお勧めです。

(2)　子どもが英語を使って楽しめる活動か。

　　子どもが活動を楽しむには、内容が自分と関係があること、理解しやすいこと、ユーモアがあること、体の動きやリズムが面白いこと、仲間意識が高められることなどが必要です。

(3)　ゲームや協力して完成させる活動があるか。

　　子どもはゲームが大好きです。ただ、過度に競争的になるとクラスの雰囲気を悪くすることもあります。ですから、情報の交換によって深く知り

合ったり、協働してひとつの仕事を完成し喜びを共有する活動もある教案集がお勧めです。
(4) 身振りや表情にチャレンジする活動があるか。
現実のコミュニケーションでは、表情や声の調子などの非言語的な手段で伝達される情報は、言語的な情報の2倍以上はあるとされています（佐野：1995:81）。英語活動でも、身振りなどを利用してコミュニケーションする能力を育てる必要があります。こうした活動によって、相手の非言語的なサインに敏感になり、自己表現の意欲を高めます。
(5) 担任の英語力に見合っているか。
英語力に不安がある先生は、当初は、自発的に英語を話さないですむ歌やゲーム、定型表現などの活動を多くすると同時に、指導にもジェスチャーを多用します。
(6) 子どもの興味や教科の学習内容に合致しているか。
クラス担任は他の教科内容や学校行事に通じていて、子どもたちの心を掴むことが巧みです。こうした長所を生かす工夫のある教案がお勧めです。

☞一番大切なこと

だが、こうしたリストよりも何よりも大切なことは、自分が「これは面白い。これならきっと上手くいく」という先生のカンです。先生が興味をもち、自信をもって進める気持ちになれる教案が一番です。ですから何回か使ってその時々の子どもの様子などから判断して選択して使うことも大切でしょう。

Q15 教案はどのような構成になっているのですか。

A 河内小学校では、学年を通じて「基本的な授業の流れ」を次のように定めています。
(1) 挨拶をする。
英語の活動に気分を切り替えさせる。
(2) 子どもと一緒に歌を歌う。
リラックスした楽しい雰囲気をつくる。
(3) 活動(1)ゲーム：復習や練習をする。
ALTと一緒にデモンストレーション。担任が見本を見せる。ここでは既習事項がinputされるような復習的な内容をゲーム化して練習する。
(4) 今日の活動の「めあて」を伝える。
チャンツなどで今日の英語活動の「めあて」に合った練習をさせる。ALTははっきりした発音を聞かせる。
(5) 活動(2):ゲーム・インタビュー・クイズ・スキットなど。
「めあて」に合ったoutputのゲームをする。子どもの活動の様子をみて支援したり評価のために観察したりする。
(6) 活動の振り返りをする。

「めあて」に照らし合わせて活動の良い点を、子どもに自己評価・相互評価をさせる。

(7) 挨拶をする。

ただ、これはあくまで「定番」で、指導内容によって構成が変わるのは当然です。

Q16 英語活動に特有な指導法（アプローチ）はあるのですか。

☞ ゲームの長所と留意点

A 音声を中心にした体験的な学習が中心ですから、次の指導法がよく用いられます。

(1) 歌やゲームで構成するアプローチ

低学年では、歌やゲームが中心です。まず、「楽しく」なければならないし、音声訓練にもなるからです。繰り返しの多い歌詞を一緒に歌うだけで仲間意識も高まります。

普通、耳慣れない外国語の音声は不安を与えるものですが、担任を含めたクラスの全員で歌うことによって、心地よいチャレンジと感じるようになります。絵などを使って歌の内容を伝えてから、動作も加えてクラスの一体感を高めるように歌います。

一方、ゲームは擬似的コミュニケーションを体験させることができます。Fruit basket のように動きを中心にしたものから、ペアの片方が持っている情報と他方が持っている情報が入れ違いになっていて、情報を交換することで仕事が完成する information-gap filling（情報差を埋める）を中心にしたゲームがよく用いられます。ゲームの利点は、遊び感覚で取り組めることです。ただ、高学年には「英語活動は遊びだ」という誤解を与えないように、ゲームだけでなく知的チャレンジのある活動を加えることも必要です。

☞ 発話中心の長所と留意点

(2) Output（発話）中心のアプローチ

買い物とか道案内とか、子どもが興味や必要性を感じる日常会話を中心に授業を構成する方法です。この場合は、機械的な暗記にならないような工夫が必要です。たとえば、買い物の場面では、買う品物の名前をゲームなどで練習した後で、動作を加えながら対話を提示し、練習します。

店員　：（近づいて、ほほえみながら）Can I help you?
客　　：（うなずいて）Yes, please. I want a red cap.
店員　：（一つ選んで差し出して）How about this one?
客　　：（手にとり、かぶって見てから）Good. How much is it?
店員　：（相手の目を見て）It's 30 dollars.
客　　：（お金を差し出しながら）Here you are.
店員　：（受けとり、ほほえんで）Thank you very much.

全体でしばらく練習した後でなら、店員のせりふは教室の前に、客のせり

第2章 目標から実践へ

ふは後ろに張り、互いに向き合ってeye-contactを保ちながら練習したり、品物や値段を変えて、ロール・プレイをしたりします。

　この方式の利点は、教師の側で教える目標を事前に定めることができるので、体系的な指導が計画しやすい点です。また、子どもたちには英語を話す喜びを感じさせることができます。修学旅行を前に、外国からの旅行客に話しかける場面で練習をしておいて、実際に一言でも本物の会話を体験すれば、やる気を育てる上で効果は抜群です。

　しかし、一方で、発話活動は内気な子や人間関係がうまくできない子には、予想以上の心理的なプレッシャーを与えるので、無理矢理話させることのないよう配慮が必要です。さらに、記憶力に負担がかからないように、次の簡易バージョンでもよしとします。

☞ 簡易バージョン

店員　：Hello.
客　　：A red cap, please.
店員　：How about this?
客　　：Good. How much?
店員　：30 dollars.
客　　：O.K.
店員　：Thank you very much.

　店員役をALTに演じてもらい、お客としての英語表現は子どもに選ばせてもよいでしょう。

　また、笑顔などの接客態度が感じのよい応対には必要なことにも気付かせましょう。

☞ 理解中心の長所と留意点

(3)　Input（理解）中心のアプローチ

　「話す」ことに比べれば、「聞く」こと、特に、「聞いて、動作で反応すること」は心理的な負担は減少します。分からなければ友だちの真似ができるからです。こうした指導法の代表的なものが、Total Physical Response（全身反応学習）です（Asher：1977）。

☞ TPR（全身反応学習）

　この方法は、頭文字をとってTPRと呼ばれていますが、子どもは教師の出す一連の命令文を聞いて、それに合わせて身体動作をする活動です。指導方法は、まず、教師は "Stand up. Walk. Stop. Jump. Turn around. Go back to your seat." などの命令文を発し、子どもと一緒に動作をします。子どもの側からみれば、命令文を聞きながら、教師の動きを真似ることになります。動作がスムーズになったら、教師は動作はせずに命令文だけを発し、子どもたちに動作させ、動作の順序を変えたり、希望者だけに参加させたりして変化をつけます。このような活動を通じて、命令文のなかの語彙や文型を自然のうちに習得させることを狙った活動です。具体例は第2部を参照してください。

☞ TPRの長所

　　TPRは一見機械的で、教師主導型の活動に見えますが、実は、英語を聞いて意味を判断する、いわば小規模な問題解決学習を子どもに迫るわけで、聞く力を伸ばすばかりでなく、単語や文型を自然のうちに覚えさせることができるのです。TPRを取り入れた藤沢市のクラス担任は次のような感想を述べています（藤沢市：35）。

　　　TPRは大変勉強になりました。先生の指示が分かる、指示どおりに動ける、身体を動かすことで楽しくなり、心がほぐれる。毎時間の活動に取り入れることで、子どもたちの表情がのびのびと明るくなっていくことが分かりました。また、この活動は「話せなくても、聞き取れればいいんだ」という暗黙のメッセージを送ることにもなったと思います。

　　理解中心のアプローチには、教師やALTが子どもと意味のある会話を交わすなかでインプットを与える手法や、物語を読み聞かせたりする方法もあります。

☞ 課題中心の長所と留意点

(4) Task-based（課題中心）のアプローチ

　発話中心のアプローチも理解中心のアプローチも、題材を子どもの生活から選んで実施しても、「英語の文型や単語を覚えさせる」という側面があることは否定できません。ところが、こうして覚えたはずの文型や単語もなかなか実際には使いこなせないものです。そこで、「覚えた英語を使わせる」という発想を逆転して、「使わせながら覚える」という主張がこのアプローチです。具体例を挙げて説明しましょう。

☞ 具体例

　まず、子どもが興味を持ちそうな活動を設定します。たとえば、夏なら「ALTの先生と七夕飾りを作ろう」と設定したとします。次に、絵を見つけてきてデザインを考えたり、飾りものをALTの先生と一緒に作成し、短冊に願いごとを書いたりします。その作業の過程で、色彩や形や品物の名前、必要な動詞などを習得させてゆきます。こうして子どもたちは、課題を果たす必要に迫られて単語や文型を自然のうちに覚えるのです。子どもの側からすれば、活動の狙いは英語ではなく、「七夕飾り」を作ることにあるので興味を示すばかりでなく、「体験することで学ぶ」という英語活動の目標にそった活動ができます。

☞ 教材に結びつけて

　これを教科に応用したものが Content-based Approach（内容・教科中心の指導法）です。典型的な例は、カナダのイマージョン・プログラム（浸透プログラム）です。ここでは、幼いうちから英語を母語とする子どもにはフランス語で、フランス語を母語とする子どもには英語で遊ばせたり教科を教えたりしています。日本でも最近注目を浴びていて、たとえば、群馬県の太

田国際学園では、国語以外の一般教養科目をネイティブと日本人教師とのティーム・ティーチングで実施し、全体の70%の授業を英語で進めています。

　普通のクラス担任がこの発想を利用するとしたら、算数で学習した内容を英語で復習して、数や計算に関する英語学習も行うことができます。あるいは、日本文化を外国人に知らせる活動でも可能でしょう。特に、「歌とゲーム」に飽きた高学年には、認知的な発達もともなって、内容を重視したこのアプローチを支持する先生も少なくありません。

(5) ドラマ的な活動

☞ ドラマの長所と留意点

　ここでいう「ドラマ的な活動」は劇の上演をめざした活動ではありません。上演を目指す場合は、まず、脚本があり、子どもは割り振られた役のせりふや所作を暗記し、決められたとおりに観客の前で演技します。公演は拍手喝采をあび、主役の子どもたちは成功感を持つでしょう。だが、発表までの英語活動は、せりふの暗記に追われ、また、大切な役の回ってこなかった子どもたちは英語嫌いになりかねません。

☞ 上演を目的とした活動との違い

　「ドラマ的な活動」は観客を前提とはしません。「ごっこ遊び」のように、全員が「役者」だったり、あるいは、「役者」と「見物人」が入れ替わったりします。子どもと教師が一緒に物語を劇にする過程で、筋や登場人物を変更したり、せりふや動きを工夫してゆく創造的な活動を大切にするのです。発表する場合でも、役やせりふは固定しないで、衣装や小道具も身の回りの品物で代用し、エネルギーを創造的な活動に向けます（佐野：1980, クリスティン：2003）。

　手順としては、まず、子どもたちが知っていて、英語の平易な物語を選ぶことが最初です。それを教師やALTが絵を見せながら英語で話してやり、その一部を、日本語や英語で劇に変えてゆきます。その際には、劇の筋やせりふや登場人物は、子どもたちの考えを聞いて自由に変えてゆきます。また、だれでもどの役でも演ずることができるのが原則です。子どもたちは、いろいろな役を演じながら他人の気持ちを理解し、自分の考えを全身を用いて表現してゆくのです。詳しくは第2部で説明します。

　以上が英語活動でよく用いられるアプローチですが、通常どれか一つに固定することはせずに、子どもの発達段階に応じて、選択して活動を組み立てます。低学年のうちは、歌やゲームを多くし、挨拶などのアウトプットと、TPRや読み聞かせなどでインプットを与える活動を組み合わせて実施します。高学年になると、次第に内容を重視し課題中心のアプローチの比重を多くします。また、ドラマ的な活動を学年のゴールに設定し、学習の成果を試すと同時に、成功感や達成感を持たせるよう工夫します。

■ 第1部　知識編

Q17 英語活動の評価は、どうするのでしょうか。

☞ 形成的評価

A　英語活動は教科ではありませんから、評定は必要ありません。しかし、教育活動である以上、目標の達成状況を把握するための評価は必要です。通常、それは子どもの活動を観察し、以下の視点から形成的な評価をし、文章で記録します。

(1) クラス内の人間関係（教師を含めて）を深めることができたか。
(2) 外国の文化や言語に興味を持ち、ALTと心を開いて交流しようとしたか。
(3) 英語活動（特に英語を聞くことや話すこと）に積極的だったか。
(4) 会話に必要な基礎的な語彙や表現が身についたか。

教師による観察に加えて、子どもの自己評価や相互評価も資料にします。
一方で、学年ごとに、「明確な達成目標」を定め、達成できた子供の割合を調べ、授業の進め方を振り返る評価も有意義です。その場合は、学年で扱うテーマの基礎台帳や評価規準を準備しておくと便利です。以下は、三次市の河内小学校のリストです（河内小：31）。

☞ 学年で扱うテーマの例

【各学年の指導内容】学習内容の目安として活用し、実態に応じて学習・活動する。

指導内容	1年	2年	3・4年A	3・4年B	5・6年A	5・6年B
歌	●	●	●	●	●	●
絵本	●	●	●	●	●	●
数字	●(0〜10)	●(0〜10)	●(〜31)	●(〜31)	●(〜100)	●(〜100)
食べ物	●	●	●	●	●	●
動物	●	●	●	●	●	●
色	●	●	●	●	●	●
身体・顔			●	●	●	●
月・曜日			●	●	●	●
形			●	●	●	●
天気			●	●	●	●
時間			●	●	●	●
家族			●	●	●	●
スポーツ			●	●	●	●
教科					●	●
日用品					●	●
職名					●	●
国名	●	●	●	●	●	●

第2章 目標から実践へ

☞ 評価基準（高学年）の例

英語活動評価規準（高学年）

英語 （表現）	①聞いたことを音声化したり、動作化したりしようとする。 ②慣れ親しんだ英語や身ぶりを使って、表情豊かに表現しようとする。 ③時と場に応じた声で発話しようとする。	あいさつ、歌、ゲーム、チャンツ、対話場面
（聞く）	①話し手の方を注視して聞く。 ②相手がどんなことを言っているか、分かろうとする。	あいさつ、歌、ゲーム、チャンツ、対話場面、読み聞かせ
コミュニケーションへの積極性	①友だちや先生と楽しく活動しようとする。 ②誰とでも積極的に関ろうとする。 ③自分から進んで話そうとする。 ④分からないことはたずねようとする。	あいさつ、ネームカード、歌、ゲーム、チャンツ、対話場面
思いやり 相手の立場	①アイコンタクトをとりながら、気持ちのよいコミュニケーションを取ろうとする。 ②友だちの良さに気づき、伝えよとする。	英語活動でのすべての場面
異文化理解	①日本と外国の表現の違いに気づく。 ②外国の日常生活や風習などに興味・関心をもつ。	あいさつ、歌、ゲーム、チャンツ、対話場面、読み聞かせ

Q18 英語活動が必修化すれば、教案も教材も与えてもらえるのですか。

A 必修化されると、高学年に関しては副教材という形でカリキュラムや教案や教材が用意されるでしょう。たとえば、文部科学省からは次のような試案が示されています（日本教育新聞2007.9.10）。

31

■ 第1部　知識編

☞ 試案の内容

小学校における英語活動に関する指導内容（一部）のイメージ（試案）

	言語の使用場面 言語の働き	扱う題材 （言語・文化）	扱う表現例
1	挨拶／挨拶をする、挨拶の動作	世界の様々な挨拶	Hello. Guten Tag. Bonjour. アンニョンハセヨ
2	自己紹介／好みを伝える	自己紹介の仕方	My name is… I like apples.
3	日常生活／事実を尋ねる	いろいろなものの名前（英語／日本語）	What's this? It's an eraser.
4	日常生活／報告する	自分たちの生活と世界の子どもたちの生活	What time do you get up?
5	遊び／事実を描写する	世界の数遊び	How many?
6	買い物／好みを伝える	日本と世界の服装	I like red.
7	日常生活／気持ちを伝える、身ぶり手ぶりで伝える	様々なジェスチャー	I'm happy.
8	食事／好みを伝える	日本と世界の食べ物	What would you like?
9	道案内／相手に正しく伝える	道案内の仕方	Where is the flower shop? Turn right.
10	スピーチ／考えを述べる、伝える	世界の子どもたちの夢	I want to be a cook.

　もし、このような、内容の教材が全国一律に与えられれば、英語活動で扱われるテーマや単語や文法について、一定の基礎的なデータが示されるわけですから、一律化は一歩前進すると言えるでしょう。

☞ 問題の解決には

　しかし、これで問題が解決するわけではありません。中学校の現場を見れば分かるように、同じ教科書を用いても、教師の力量や生徒の実態によって全く異なる授業になり、それが生徒の英語への興味・関心や英語力に影響するのは実証ずみです。また小学校では、学校により取り組みに温度差があり、かつそれが長期にわたるので、最後の帳尻合わせを高学年の共通の指導内容でしようとしても、学校差は一層深刻になるばかりでしょう。

　そこで、市の教育委員会や教育センターがリードして、どの程度ALTや外部講師などの協力が得られるのかなどの条件に合わせてカリキュラムを開発することが行われています。小中の連携を考えると、地域の小学校の標準的なカリキュラムがあることは有益です。

■第2章　目標から実践へ

　しかし、実際問題として、教師がすでに独自の英語活動を展開している場合には、人の作成した教案はなじまないことがあります。その場合は、最終的に習得して欲しい語彙や基本的な文型を目安に、ゆるいcan-do リストで最終ゴールを設定するのも一つの方法です。第1章（pp. 22-23）を参照してください。英語活動に取り組む教師の数が増すにつれて、この問題は一層切実になると考えられます。

　この節をまとめてみましょう。いきなり自力で教案の作成に取り掛かるよりも、やさしい英語活動を実際に指導してみて、体験から指導力の育成を目指すことがより実際的です。そのための教師が自分でできるトレーニングをまとめたのが次の節です。

第2節　教師トレーニングの4段階

☞ なぜ、ステップを踏むのか

　英語活動の指導には沢山の知識や技術が求められるので、一気にマスターすることは不可能です。それは、ちょうど、水泳が全然できない先生が、3か月後に水泳教室の指導をしなければならない場合と同じです。どうしたらよいでしょうか。一番確実な方法は、最終ゴールに繋がる最初のステップを考え、次のステップ、また、その次のステップと計画を立てて実行することです。大筋でいえば

　第1段階：顔を水面につけ、水面に浮くことができる。
　第2段階：息を止めて、バタ足で腕を廻して前進できる。
　第3段階：息継ぎをしながら、15メートルを泳ぐことができる。
　第4段階：次第に泳げる長さを伸ばし、25メートルを泳ぎきることができる。

☞ 4段階の大筋

　英語活動で言えば、第1段階はいわば準備段階で、ごく簡単な挨拶表現ができ、英語の歌がいくつか歌え、ゲームもいくつかできるという段階でしょう。この段階では1授業時間を英語活動に充てるよりも、空き時間を見つけ5分から10分の活動をします。

　第2段階に入れば、英語できちんと挨拶したり、歌とゲームやTPRなども利用して、授業時間で15分か20分間自分がリードして実施します。余りの時間はALT主導で進めたり、ビデオを見せるなども考えられます。第3段階では、30分以上は自分のリードで進めることができるように、教案集から子どもの興味に合致しそうな例を選択し、活動時間や内容を調整しながら実践します。この期間はかなりの長さが必要で、いろいろな教案を試しながら、レパートリーを広げてゆきます。

　第4段階では、子どもの生活からテーマを選び、ALTの訪問する時間など

も計算しながら5～10時間程度をメドに一つの「まとめの活動」を設定し、それぞれの授業時間の内容はこの活動に繋がるように、挨拶や歌やゲーム、TPRなどを工夫して教案を作成します。実施後に振り返りをして、反省点を次の授業に生かし指導力を伸ばしてゆきます。以下、段階ごとに指導上の留意点を述べ、その後、モデルの指導案を2つずつ紹介します。

> 第1段階でのねらい：基礎的な挨拶表現ができ、英語の歌やゲームがいくつかできる。

余りの時間などを利用して、次のような活動から1つ、2つの活動を選んで、実施します。ここでの目標は、個々の活動で自分のレパートリーを増やすことですから、授業としてのまとまりよりは、個々の活動を楽しく、自信を持ってやれることが大切です。具体的には、

(1) 基礎的な挨拶表現を紹介する。Hello! Good morning (afternoon)! 程度でよいでしょう。英語を教えるというよりは、挨拶の大切さを認識させるための活動です。
(2) 歌も、歌詞は簡単でメロディーも子どもが知っているものを選びます。ただ、英語のリズムに注意し、「英語らしさ」を大切にします。また、身体動作や、友だちとの関り（手をつないだり、ペアを交代しながら歌うなど）を取り入れます。
(3) ゲームは、日本語でやり方を説明し、教師がモデルを見せ、また、子どものペアやグループで試技させてから全体で実施することが大切です。

Model 教案1 （5分から10分で行う活動）

●ねらい● 担任も子どもと一緒に楽しもう。はじめて子どもたちに英語で話すのに抵抗がある場合は、マペットやペープサートを使うと意外にうまくゆきます。

活動内容	担任の語りかけ	留意点
あいさつ （2～4分）	T: 少し時間があるから、英語活動をしましょう。「おはようございます。」は英語で何と言うか分かるかな？ C: Good morning. T: Very good! では一緒に言ってみよう。Good morning! C: Good morning. （繰り返す） T: でも、今は午後だから、Good morning.ではなくて、Good afternoon!（繰り返す）	・初めての時は、先生も緊張するものです。 ・いきなりすべて英語で話さなくても、日本語を取り混ぜて英語で話せば、それほどプレッシャーを感じないですみます。 ・メモを見ながらでも熱意が伝われば、子どもたちはついてきます。 ・あいさつは時間帯に応じて。
返事	名前を呼ぶから、呼ばれたらHere.と答えてね。	・先生がまずは、明るく、元気に。子どもの返事にGood.と、ほめて返し

ゲーム (2～4分)	英語でじゃんけんしましょう。 こちらを見て。これがグー。これがチョキ。 これがパー。 Look at me. It's a rock. It's paper. They are scissors. じゃんけんぽん！ Rock, paper, scissors, go.	ましょう。 ・初めは先生対みんなで。できそうなら子どもの名を呼んで英語で返事をさせて、先生とじゃんけんしましょう。 ・じゃんけんができたら、今度は子ども同士であいさつとじゃんけんをさせましょう。できるだけいろいろなペアでさせるようにします。
振り返り (1～2分)	英語活動は楽しくできましたか？ 仲良くできましたか？ あいさつはうまくできましたか？ また、やりましょうね。	・今日の活動を振り返り、次時に活かす。

Model 教案 2（5分から10分で行う活動）

●ねらい●担任も子どもと一緒に楽しもう。教師も子どもも大きな声で一緒に歌いましょう。あまり英語を意識せずに、手拍子や身振りもつけて、歌を楽しむことが大切です。

活動内容	担任の語りかけ	留意点
あいさつ (2～4分)	T: さあ、英語活動を始めましょう 　　Now, let's start today's English class. 　　まずは、あいさつから。「こんにちは」は？ C:「ハロー」だよ。 T: Very Good! Hello! 繰り返し言ってみましょう。笑顔を忘れずにね。 C: Hello!（繰り返す） T: 今度は、元気に返事しましょう。返事をするときもHello!でよいのです。	・初めの一言が、緊張しますよね。笑顔が引きつらないように、一度鏡の前で言ったり、仲間同士で言う練習をしてみましょう。 ・先生も子ども一人ひとりを見て、笑顔であいさつするようにしましょう。 ・全体でしたら、先生とクラスで。また、いろいろなペアであいさつをしましょう。
歌 (2～4分)	*Hello*の歌を歌いましょう。 Let's sing *Hello*! 最初は聞いてね。 今度は区切って、歌ってみよう。 また、CDを掛けるから、知っている人は大きな声で歌ってね。今度は、隣の人とあいさつしながら歌いましょう。	p.72を参照。 ・歌は先生がよく知っている歌からはじめましょう。CDがあれば、最初に一度、全体を聞かせます。 ・次は、少しずつ区切って意味を説明し、真似て歌わせます。テンポを少しゆるめて練習をします。 ・最後には知っているところだけ歌えばよいことにして、全体で歌います。

振り返り (1～2分)	今日の英語活動は楽しかったですか。仲良くできましたか。うまくできたところは？もっと練習をしたかったところは？また、やりましょうね。	

> 第２段階でのねらい：挨拶、歌、ゲームなど英語活動の時間を部分的に指導できる。

　はじめて45分の英語活動の授業に取り組むときは、ALTがいる授業の中で15分か25分間、担任が活動をコントロールできるか挑戦します。もちろん、この間もALTには協力してもらい、対話の指導では役割を分担し、TPRでは命令文を交互に出すなどします。残りの時間は、子どもの一人になったつもりでALTがリードする活動に参加してゆきます。

　単独で進めなければならない場合は、残りの時間に見るビデオを用意したり、調べ学習や次の英語活動に使用する小道具や資料作りの作業をするなど、何かの活動を準備しておきます。いずれにしても、この段階で取り入れて欲しい活動は、次の4つです。

(1)　定型の挨拶表現の習慣化：教師とクラスだけでなく、子どもたち同士でも交わします。

　　T: Hello, class.
　　S: Hello, Mr. / Ms. Saito.
　　T: How are you?
　　S: I'm fine, thank you. And you?
　　T: I'm fine, thank you.

この際に指導上で注意しなければならないことは、次の事項です。

① 　挨拶で最も大切なのは、笑顔と元気。
② 　しっかり相手と対面し、目を見て挨拶を交わそう。
③ 　英語はリズムが大切。ストレスのある語は強く、長めに発音しよう。

(2)　TPR活動：意味のある一連の動作となるように、5個から7個程度の単語や語句を組み合わせて、命令文を作成します。たとえば、

　　Stand up. Walk. Stop. Turn around. Jump. Turn around once again.
　　Walk. Stop. Sit down.

　暗記が難しければ、カードに書いて読んでもよいでしょう。子どもたちがうまく動けたら、"Any volunteers?"と志願者を募ったり、グループでさせたりします。

(3)　クラスのルール作り：子どもと相談してルールの言葉を決め、Magic Wordsとして紙に書いて張り出します。先生がその言葉を発したら、全ての動きを止め、先生に注目するのです。たとえば、子どもが「ドラゴン・ボール」が希望なら、

① 　「ドラゴン・ボール」と先生が言ったら、ピタリと止まる。練習方法は音楽にあわせて身体を動かせておいて、教師の「ドラゴン・ボール！」の合図でピタリと止まる。少しでも動いたり、笑った人は負けで、ゲームからぬけるルールを徹底します。

② Listen. で先生の方を見て、きちんと聞く。教師は身振りで理解を助けます。
③ Speak in English. で、英語で話す。会話相手とeye contactをとることも注意しておきます。
これらの指示は、言葉だけでなく、先生の身ぶりでも理解が徹底するようにします。

モデル教案3（15分か20分で行う活動）

●ねらい●子どもをコントロールできる活動のレパートリーを増やす。活動の関連性はなくとも気にしないで、いろいろな活動にチャレンジし、慣れることが目標です。

活動内容	担任の語りかけ	留意点
あいさつ (2分)	さあ、英語活動をはじめましょう Let's start our English class. 上述の定型表現を使用する。	・あいさつはT-Pだけでなく、P-Pでも実施。笑顔、eye-contact、動作も忘れずに。
歌 (3〜4分)	*Seven Steps*という歌を聴きましょう。 *Seven Steps*の歌を使ってゲーム 　（例）　3の時に手をたたきましょう。 　　　　4と6の時に手をたたきましょう。 　　　　今度は数字を反対から歌いましょう。	・p.74の歌い方参照 ・ねらいは英語に慣れることですから、担任もいっしょに歌いましょう。 ・1回の練習で完全にできることを期待しないで、何回かの授業で取り組みます。
TPR (4〜6分) ゲーム (4〜6分)	Listen to me carefully, please. 英語を聞いて、先生の動きを真似て動いてください。でも、先生が「ドラゴン・ボール！」と言ったら、凍りついたように、動きをピタリと止めてください。 Are you ready?　Stand up!　Walk!　Stop!　Jump!　Turn around!　Go back to your seat!　Sit down!　Very good. 今度は難しいよ。 Stand up, please!　Stop!　Wonderful! みんなピタリと止まっているね。 All right.　Walk!　Stop!　Jump!　Turn around!　「ドラゴン・ボール！」 （命令文の順序を変えて繰り返す）	・TPRではいちいち日本語で説明せず、担任がやる動作を見て子どもに理解させましょう。動けるようになったら、先生は指示だけを発して、動作は子どもたちだけにさせます。指導方法については、第1部（p.27）、第2部（p.44）を参照。 ・「魔法の言葉」の練習は、TPRができてから入れます。動作だけでなく、口も閉じます。「ゲームに負けた」子はその場で座らせ、しばらく活動から外します。ルールの大切さを訓練するためです。

■第1部　知識編

	今度はSimon says ゲームをしましょう。Simon says と言ったときにだけ言われた動作をします。ゲームに負けた人は、次のゲームまで座って見ていてください。	・ゲームの方法はp.95 ・ゲームを通じて、楽しみながらルールを守る大切さを伝えます。
振り返り (2分)	英語活動どうでしたか？ 　（定番の評価に加えて、①動作がみんなでできたか。②「魔法の言葉」でピタリと止まれたか。なども加えます。）	・時間がある場合は、子どもたちに「振り返りシート」に記入させて、それを集めておくと評価の際の資料になります。

モデル教案4　（20分から25分で行う活動）

●ねらい●コントロールできる活動のレパートリーを増やそう。

活動内容	担任の語りかけ	留意点
あいさつ (2〜3分)	Now, let's start today's English class. 【定型のあいさつ表現】 What's your name?	・あいさつの後に、英語で名前を聞きましょう。分かっていそうな子を当てて答え方を知らせると、ドキドキしている子も安心します。 My name is 〜. / I'm 〜. p.76参照。
歌 (2〜3分)	Let's sing Happy Birthday to You. What's your name?と組み合わせて、「今日は答えた人の誕生日」ということにして歌う。	
TPR (4〜6分)	Look at me. I like pink, red, yellow, blue. （黒板に貼る。） 次にPoint to pink, red, yellow, blue. と指さしをさせ、順番を変えて練習を繰り返す。それができたら、発音練習をする。	・好きな色の折り紙を出し、I like pink.などと示して、黒板に貼っていきます。 ・その後、TPR（Point to〜.）で定着を図ります。
ゲーム (5〜10分)	Let's play a game.	・カラーバスケット（フルーツバスケットの色版です）活動の仕方はp.104参照。
振り返り (2〜3分)	今日の英語活動どうでしたか？ 授業をよくするための参考にしたいから、気付いたことを書いてね。	・自分や友だちのよくできたこと、英語について気付いたことなどを記述させて集め、指導の参考にする。

> 第３段階でのねらい：既成の教案を子どもの実態に合わせて調整し英語活動ができる。

　当初は、教案集の中でも１授業時で完結するものを選びます。すなわち、事前の準備がなくても、すぐにできる活動です。ALTの支援なしに一人で授業をしなければならないときには、活動が少なめな教案を選び、日本語で活動の仕方を丁寧に説明し、子どもたちの組み合わせをいろいろ変えて活動します。最初は全体で、次は男女に分けて、次はグループで、次は希望者など、組み合わせを変えるだけで熱心に取り組むものです。

　また、次第に自分で教案を組み立てる工夫もしましょう。まずテーマを選び主活動を定め、その後、歌、ゲーム、TPRなどはテーマに関連したものを選びます。すなわち、一つのテーマに複数のルートからアプローチするように教案を工夫します。

モデル教案５　（30分から35分で行う活動）

●ねらい●授業のねらいを明確にし、諸活動を関連付けて計画することができる。

活動内容	担任の語りかけ	留意点
あいさつ （2〜3分）	Let's start our English class. Good morning!	・定型のあいさつを交わしましょう。
歌 （3〜4分）	*Head, Shoulders, Knees and Toes*を動作をつけながら歌う。	・歌詞を説明するより、動作の繰り返しが大切です。（p.75参照）
ＴＰＲ （10〜11分）	Let's try TPR. Are you ready? Touch your head, neck, shoulders, arms, waist, knees, and toes. Once again.（と繰り返す。） This time, bend your neck, shoulders, arms, waist and knees. Very good. This time, stretch your knees, waist, shoulders, arms and neck.（と再度、身体の各部分を曲げ伸ばしさせる。） 最後にはShake your neck, arms, shoulders, etc.と全身をゆすらせたりします。	・恥ずかしがるようだったら、最初は座ったままさせます。次に立ち上がって、全身を使う活動にしていきましょう。 ・その日のトピックに関連する語句はTPRで理解させ、後半の主活動につなげます。 ・必要に応じて、絵カードや人形、紙芝居などを用いて、理解を一層深めます。
主活動 こんなことできるかな （11〜12分）	こんなことできるかな？ Can you do this? A giraffe can bend its neck. Can you do this?	・キリンやペンギンやロバなどのさし絵や写真を見せて、全身で動作を表現させます。うまく表現できている子どもの演技を、他の子に見させて、どこが良いかを言わせます。

第1部　知識編

	A penguin can turn its head. This donkey can kick like this, etc.	
振り返り (4〜5分)	英語活動どうでしたか？気付いたことを自己評価票に書いてね。	・定型の評価に加えて、友だちについて発見したことなども視点として加える。

モデル教案６ （30 分から35 分で行う活動）

●ねらい● 活動を有機的に組み合わせて、ドラマ的な活動に挑戦。

活動内容	担任の語りかけ	留意点
あいさつ (2〜3分)	Let's start our English class. Good morning, etc.	・定型のあいさつ。笑顔、相手を見るなど、人間関係作りを意識させる。
歌 (3〜4分)	*Head, Shoulders, Knees and Toes* を動作をつけながら歌う。	・前回指導した歌。同じ歌を繰り返し練習することも大切。
感情表現 (10〜11分)	T-Pの対話で表現を導入する。 T: How are you, A? 今日の気分はどう？ A: 腹がへった。 T: You are hungry. How about you, B? B: ねむい。 T: You are sleepy. 　happy / cold / sad なども導入。その後、感情表現の絵カードを示して、身体の動きも伴って感情表現の練習をする。	・対話で導入できなければ、「おなかのへった人は？」と日本語で聞き、手をあげたら、You are hungry.と導入してもよい。 ・happy ならその気分になって、顔やジェスチャーで単語の意味を示しながら発音練習をする。

ドラマ的な活動 (10〜12分)	今からお話するから、よく聞いてその人になりきってやってみましょう。（物語のあらすじ） T: Let's act out. You are Urashima Taro. 今日は魚が沢山とれたので "I am happy." Ps: I am happy! T: でも子どもたちが亀をいじめているのを見て、悲しくなりました。"I am sad." Ps: I am sad. などと続ける。	・絵を見せながら、日本語で物語のあらすじを話し、感情表現のところだけを英語で話し、演技させる。 仕事でtired/ hungry 龍宮城でhappy/ sad 戻ってみたら家がなくてsurprisedなど。
振り返り (4〜5分)	英語活動どうでしたか？演技はうまくできましたか。演技ではどんなことが大切だろう。集中してできた人は？なども質問。	・演技を見るときは、上手・下手という見方ではなく、場面に適切な動きや表現かという視点から判断する。

> 第4段階でのねらい：複数の授業を組み合わせて、まとめの活動を展開する。

　この段階では、いくつかの授業をまとまりとして捕らえ、最後の「まとめの活動」で子どもたちに意味のある体験をさせることを意図して計画を立てます。「まとめの活動」としては、「物語やALTの話しを聞く活動」「他の学習内容に関連する活動」「ふるさとや日本の文化を紹介する活動」などいろいろ考えられますが、この本では、ドラマ的な活動を「まとめの活動」とする例をいくつか紹介します。

(1)　すでに学習した定型対話をいくつか組み合わせて、一連のドラマ的な活動にする。たとえば、「買い物」や「税関」の対話をまとめて、家族で海外旅行に出かけて税関で英語でやりとりをし、ホテルでチェックインをし、デパートで買い物をして日本に帰国するという一連の動作をせりふつきで演じる。具体例は第2部第5章第1節の「楽しいハワイ旅行」を参照。

(2)　物語の大筋を英語で聞き取らせ、TPRの手法で子どもたち全員に動作をさせたり、教師のあとについてせりふも言わせる。その後、主要な登場人物を決め、教師がナレーター役で動きやせりふを指示する。他の全員はコーラスの役割で、これも教師の指示で効果音を出したり、せりふを話したりする。具体例は第2部第5章第2節の「Stop! Thief! 参加劇シナリオ」を参照。

(3)　子どもの知っているお話しを子どもと相談して劇に作り変えてゆく活動。劇の筋やせりふはもちろん、登場人物なども新しく設定してもよい。うまく完成すれば、脚本を作り、観客の前でも上演する。その場合、観客も劇に加わる参加劇というスタイルをとることもある。第2部第5章第3節の「マッチ売りの少女」や「もう一人の桃太郎」を参照。

(4)　物語や劇を子どもたちのアイデアを入れて書き直し、適当な人物やせりふを加えて、練習して上演する。第2部第5章第4節の「浦島太郎」を参照。

　他の「まとめの活動」よりドラマ的な活動が優れているというわけではありません。たまたま、藤

第1部 知識編

沢市では、これまで説明してきたような考え方で、ドラマ的な活動を中心に実施してきたのです。一人の研究員は次のような感想を述べています。

　私の場合、部会でスーッと心に入ってきた最初の言葉は、「英語ができるだけでは、小学生に上手に教えられない。下手な英語でも楽しい体験を与えることが大切なのだ。先生が英語をどう見ているかが子どもたちにも映る」。この言葉を素直に受け入れ、それを基盤に3年間やってきた今、「英語を教えるのではなく、英語を通して心をほぐし、コミュニケーションを活発にする」という発想は自分のなかに定着しています。(中略)今年は4年生全体で、クラスの枠を取り払って英語劇に挑戦しています。グループを4つに分け、「さるかに合戦」の人形劇、影絵、劇上演、さらに「うらしま太郎」の劇上演です。衣装や小道具は手作り、せりふは短い話し言葉のみで、ことばより身体表現を中心にした劇を目指しています。途中に歌あり、ダンスあり、4年生らしい発表ができればよいと願っています。(中略)。また、ドラマ的な活動は、英語活動の評価としても使うことができます。知ってる単語を駆使して、身体表現をしながら相手にメッセージが伝えられるかという観点で評価することもできるし、いきいきと活動しているか、楽しんでコミュニケーションを図ろうとしているかという観点でも評価できると思います。

　この章をまとめてみましょう。英語活動にはいろいろな指導方法があり、子どもの実態に合わせて適切に組み合わせて使用するには教師の指導力が必要です。しかし、最初から完全な指導を目指すよりは、段階を踏んで、徐々に指導力を伸ばし、それに応じて自分が計画し指導する部分をより拡大し、次第に子どもに一番即した英語活動を開発してゆくことが大切だということでした。

第2部 実践事例編

第1章 身体を動かす活動

英語で短い指示を出してみましょう。はじめは先生もいっしょの動作をします。言われている言葉が分からない子も、まねをしながら活動することができます。

> **Touch your head.** 頭をさわりましょう。

headの他にも、shoulders（肩）、stomach（お腹）、waist（腰）、knees（ひざ）、ankles（足首）、toes（つまさき、足指）などいろいろな部位をさわってみましょう。また、さわる部位の順番を変えてもやってみましょう。

慣れてきたら、先生は動作せずに指示だけ出します。だんだん、早く指示して「ついてこられるかな?」とチャレンジさせましょう。中学年までは喜んで活動します。または、先生がわざとまちがえた動作をして、子どもたちをひっかけても盛り上がります。

また、身体の部位ではなく、desk（机）、chair（イス）、pencil case（筆箱）、T-shirt（Tシャツ）など身の回りのものに置きかえても楽しく活動できます。

Touch your head. 　　Touch your shoulders. 　　Touch your stomach.

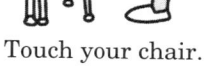

Touch your desk.　　Touch your chair. 　　Touch your T-shirt.

> **Point to the door.** ドアを指差しましょう。

　今度は指差しも付け加えてみましょう。既に述べたTouchの活動に比べて友だちの動きも分かるので、低学年はゲーム感覚で活動できます。
　doorの他にblackboard（黒板）、ceiling（天井）、floor（床）などいろいろな場所やものを指差してみましょう。

Point to the window.

> **Stand up.** 立ちましょう。
> **Sit down.** 座りましょう。

　座ってできる活動から、だんだん全身を使った活動に広げていきましょう。基本的な動きのある活動も指示してみましょう。

- Walk.（歩いて。）
- Jump.（跳んで。）
- Run.（走って）
- Stop.（止まって。）
- Turn around.（回れ右して。／回転して。）
- Go back to your seat.（席にもどって。）

最後は流れのある動作にしてまとめます。

Stand up ➡ Walk. ➡ Stop. ➡ Jump. ➡ Turn around. ➡ Go back to your seat. ➡ Sit down.

> ★ これまでの活動に慣れたら、ここまで使った文を用いてゲームの"Simon says"（p.95参照）をやってみましょう。

> **Bend your wrists.** 手首を曲げましょう。
> **Stretch your waist.** 腰を伸ばしましょう。

　いちいち言葉で説明せずに先生自ら、英語で話しながらやってみましょう。ポイントは笑顔と分かりやすい動作です。

　この活動も、elbows（ひじ）、neck（首）、knees（ひざ）などの部位を使って幅を広げられます。上から順に下に曲げていき、今度は逆に下から上へ伸ばしていきましょう。

① Stretch up to the ceiling. この指示は「天井に向かってまっすぐ全身を伸ばしましょう」と日本語を補った方がよいでしょう。
② Bend your wrists. ここから⑥までは，日本語による指示は必要ないです。
③ Bend your neck. 手首を曲げたまま首を曲げます。以下の動作もすべて前のものにプラスしてゆきます。
④ Bend your elbows. 　⑤ Bend your waist. 　⑥ Bend your knees.
⑦ Make yourself as small as you can. （これは日本語でも「できるだけ小さくなりましょう」と指示します）
⑧ All right.「今度は反対に伸ばしてゆきましょう」Stretch your knees. 以下、⑤ ➡ ④ ➡ ③ ➡ ② ➡ ①の順にStretch 〜. と伸ばす動作をさせてゆきます。

　また、身体の部位を shake する（揺らす）活動もあります。全身を振ったりすることで、身体がリラックスして活動的になります。これも先生がまずお手本をやってみせましょう。英語を覚えさせる必要はありません。動作ができたら大げさにほめるのもポイントです。

■第1章 身体を動かす活動

Turn right [left].　右［左］に曲がりましょう。

　黒板に左右の矢印を書いて、右を指して"Right."、左を指して"Left."といいながら動いてみせると子どもたちは、すぐに覚えてまねし始めます。

【指示例】
　　Go straight. ➡ Stop. ➡ Turn right. ➡ Walk. ➡ Stop. ➡ Turn left.

　子どもに左右を認識させるには、*Hokey Pokey*の歌（p.82参照）を活用してもよいでしょう。
　さらに、今までの身体を動かす活動に、左右も取り入れてみましょう。
　Touch your right ［left］ knee.（右［左］ひざをさわって。）
　Bend your neck to right ［left］.（首を右［左］に曲げて。）

Walk slowly [quickly].　ゆっくり［速く］歩きましょう。

　既習の言葉を組み合わせて、ゆっくりと、または速く身体を動かしてみましょう。先生も指示に合わせて動くと、子どもは先生の動きを見て、自然に言葉の意味を理解するはずです。

【指示例】
　　Stand up. ➡ Walk slowly. ➡ Stop. ➡ Walk quickly. ➡ Run! ➡ Stop. ➡ Jump quickly. ➡ Stop. ➡ Turn around. ➡ Stop. ➡ Turn around slowly. ➡ Turn around quickly. ➡ Stop. ➡ Are you O.K.?
　最後はくるくる回って目が回らないように、気をつけて！

47

Pick up your pencil.　鉛筆をとりましょう。

　身の回りにあるものを使って、いろいろな動作をしましょう。初めは先生が、Pick up a pencil.と言って鉛筆をとって見せ、Put it on the desk.（それを机の上に置いて。）と言いながら机の上に置きます。

　pencil を eraser（消しゴム）や pencil case（筆箱）、notebook（ノート）、ruler（定規）にかえてやってみましょう。自然に文房具の単語も覚えられることでしょう。

【指示例】
Pick up your eraser.（消しゴムをとって。）➡ Put it on your head.（頭にのせて。）➡ Drop it to the floor.（床に向かって落として。）➡ Catch it.（キャッチしよう。）

Make a circle with your fingers.　指でまるを作りましょう。

　身体を使っていろいろな形を作りましょう。下の図で紹介しているようにfingers（指）、hands（手）、whole body（身体全体）などいろいろなスケールで作ってみましょう。circle（まる）が作れるようになったら、triangle（三角）やsquare（四角）にもチャレンジしてみましょう。

Make a circle with your fingers.

Make a circle with your hands.

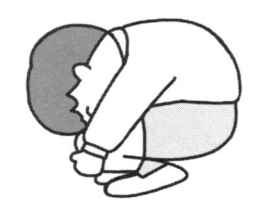

Make a circle with your whole body.

■第1章　身体を動かす活動

Make an "A" with your friend.　友だちとAを作りましょう。

　友だちと協力して、アルファベットの大文字を作ってみましょう。初めは先生と、子ども1人を指名して、見本を示しましょう。
　"D"や"G"など2人で作りやすい文字を選びましょう。慣れてきたら、今度は6人組で"DOG"や"CAT"などの3文字の単語を作ってみるのも楽しいでしょう。アルファベットの導入としても有効な活動です。

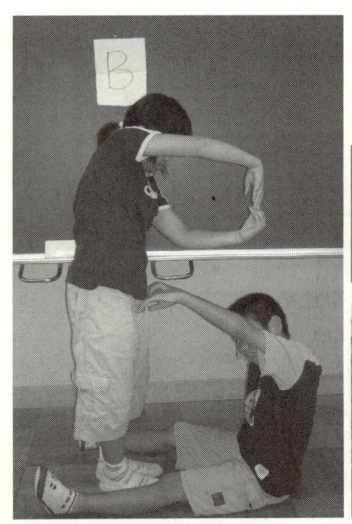

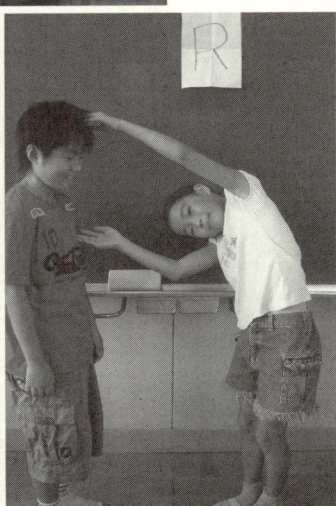

■ 第2部　実践事例編

Wake up.　起きましょう。

　1日の生活の始まりである朝の場面を演じてみましょう。この活動ではジェスチャーがポイントになります。先生が恥ずかしがっていては子どもたちもついてきません。思い切りよく動作しましょう。

【指示例】

Wake up. ➡ Good morning. ➡ Wash your face. ➡ Wash, wash, and wash. ➡ Dry your face. ➡ Next, let's brush our teeth.（これは日本語でもよい）➡ Put toothpaste on your toothbrush. ➡ Brush, brush, and brush. ➡ Now how do you feel?

【日本語訳】

起きて。⇨おはよう。⇨顔を洗って⇨よく洗ってね。⇨顔をふいて。⇨次は歯をみがこう。⇨歯みがきを歯ブラシにつけて。⇨ゴシゴシゴシ。⇨きれいになったかな。

Breakfast is ready.　朝ごはんですよ。

前の"Wake up."につなげてもう少し長く表現し、演じさせてみましょう。

【指示例】

Breakfast is ready. ➡ Spread some butter on the bread. ➡ Eat it. ➡ Yum, yum, yum. ➡ Next, drink the milk.

【日本語訳】

朝ごはんです。⇨バターをパンにぬりましょう。⇨食べましょう。⇨むしゃむしゃ。⇨次はミルクを飲みましょう。

Warm yourself, and sleep.　温まって、眠りましょう。

【指示例】

　It's cold.（寒い日です。）　➡ Go to the heater.（ストーブの近くに行きましょう。）

➡ Warm yourself, and go to sleep.

★ 暑い日も演じてみましょう。

【指示例】

　It's hot.（暑い日です。）　➡ Go to the swimming pool.（プールへ行きましょう。）

➡ Let's swim.（泳ぎましょう。）

　他にも rainy（雨）、snowy（雪）なども工夫してやってみましょう。

Let's act out. You are a cat.　ネコになって演じましょう。

【指示例】

You are a cat. ➡ You walk along the street. ➡ You jump up and sit on the wall. ➡ You are sleepy.

【日本語訳】

あなたはネコです。⇨通りを歩いています。⇨塀の上に飛び乗りましょう。⇨あなたはねむくなってきました。

ALTの先生などと相談しながら他の動物にもチャレンジしてみましょう。

【指示例】

You are a tiger. ➡ You are in a zoo. ➡ You can eat a lot of food. ➡ You are happy.

【日本語訳】

あなたはトラです。⇨動物園で暮らしています。⇨食べるものには困っていません。⇨あなたは幸せです。

第1章 身体を動かす活動

> **You are a green caterpillar.　青虫になって演じましょう。**

まず、紙芝居の絵などを見せて下の英文を理解させましょう。

　Close your eyes.

　You are a green caterpillar.

　You like leaves very much.

　So you crawl along a branch very slowly and eat leaves.　Yum, yum, ...

　How delicious!

　Today you are going to be a butterfly.

　Now your wings are getting big.　Bigger and bigger.

　Now you are a beautiful butterfly.

　It's time to fly away!

次に日本語で言って動きを考えさせ、もう一度英語を言って動作をさせます。

【日本語訳】

　さあ、目をとじて。

　みんなは青虫だよ。

　葉っぱが大好き。

　木の枝をゆーっくりとはって、葉っぱを食べます。むしゃむしゃ。

　おいしい！

　きょうはみんなは蝶になるよ。

　羽が大きくなるよ。だんだん大きくなるよ。

　さあ、きれいな蝶になりました。

　空へ飛んでいこう。

You are an ice cube.　氷になりましょう。

　Close your eyes.
　You are an ice cube.
　It's cold now.
　So you are very hard like a rock.
　Now it's getting warm.
　You start to melt.
　Your right［left］hand melts.
　Your right［left］arm melts.
　Your neck melts.
　Your waist melts.
　Your right［left］knee melts.
　Now you are water.

次に日本語で言って動きを考えさせ、もう一度英語を言って動作をさせます。

【日本語訳】
　さあ、目をとじて。
　みんなは氷だよ。
　今はとても寒いね。
　だから、みんなは石のように固い氷だよ。
　だんだん暖かくなってきました。
　みんな溶け始めまーす。
　右［左］手が溶けます。
　右［左］腕が溶けます。
　首が溶けます。
　腰が溶けます。
　右［左］ひざが溶けます。
　さあ、水になっちゃった。

第2章 授業で使える英語表現

1．日常会話表現 (Conversational Expressions)

1

Hello, everyone.	みなさん、こんにちは。
Good morning, class!	みなさん、おはようございます。
Good afternoon, class!	みなさん、こんにちは。

　Hello. の代わりに Hi. もよく使われます。元気よく、大きな声で言うことが肝心です。今まで日本語でしか話していなかった先生が英語であいさつしたりすると、少しとまどうかもしれませんが、それにひるむことなく、にこやかにあいさつをしましょう。

　教師が何回か言ってみた後、子どもたちにも言わせるように誘導してみてもよいでしょう。また、子どもが少し慣れた様子であれば、クラスを二つのグループに分け、お互いに"Hello (Hi)!" と手を振りながら、言わせます。「お互いに目を見て、明るい笑顔であいさつしましょう。」と励まします。

2

A: How are you?	ごきげんいかがですか。
B: I'm fine, thank you.	元気ですよ、ありがとう。
And you?	あなたはどうですか。

　おなじみの最も一般的なあいさつに使う表現です。are と you をつなげていうのがコツです。How are you today? という時もあります。fine は強く言うところです。聞き返す時に使う And you? はイントネーションを上げて言いましょう。また、「d」の音と「y」の音をつなげて、「ジュ」と発音してみましょう。

第2章　授業で使える英語表現

3

A: I'm Ms. Yamada.　　　　　　　私は山田先生です。
　　What's your name?　　　　　あなたのお名前は？
B: My name is Ichiro Tanaka.　　ぼくの名前は田中一郎です。

　I'm はつなげて、一気に言いましょう。Ms. のところには状況に応じて Mr., Miss, Mrs. を代入します。What's と name は強く言いましょう。また、What's your name? もつなげて、一気に言うようにした方が自然です。

発展　愛称で呼んでほしい時は Please call me Ichiro-*kun*. などといいます。また、ALT の先生の名前が発音できない時は How do you pronounce it (your name)? と聞きましょう。難しい名前でしたら、What do people call you?（普段はなんと呼ばれているのですか？）と聞いてもいいです。それでも聞き取れない時は、紙とペンを出して、Please spell it. と言って書いてもらいましょう。

4

A: How old are you?　　あなたは（年齢は）おいくつですか。
B: I'm ten years old.　　私は10歳です。

　年齢を大人の人に聞くのは失礼と考えられているので、特に初対面の人にこのフレーズを使うのは要注意ですが、先生と子ども、また子ども同士の間では知っておくと便利な表現です。答える時の I'm は口語では省く場合があります。

■ 第2部　実践事例編

5

A: Nice to meet you.　　はじめまして。
B: Nice to meet you too.　はじめまして。

　初対面の時のみ使う表現です。気持ちとしては「お会いできてうれしいです」という感情が含まれています。meet の「t」と you の「y」の音はつなげて「チュ」というように発音します。もう少しフォーマルな言い方としては、How do you do ? という表現があります。特に年配の英国人がよく使うフレーズです。

豆知識　あいさつのし方は文化によって違うことを強調しましょう。日本ではおじぎをしますが西洋では握手や抱擁をします。

6

A: Here you are.　　どうぞ。
B: Thank you.　　　ありがとうございます。
A: You're welcome.　どういたしまして。

　プリントなどを配る時に Here you are.（どうぞ。）と言いながらわたしましょう。こういう時は必ず子どもに Thank you.（ありがとう。）と返事してもらいたいものです。その時は Say "Thank you." とジェスチャーを入れながら促しましょう。また、Thank you. と反応してきたら、You're welcome.（どういたしまして）と返してあげましょう。実はこれは欧米の親が子どもに教える一番最初の礼儀作法と考えられています。

その他の表現　You're welcome. の代わりに、That's all right. / Don't mention it. / No problem. / Sure. などと言うこともできます。

58

■第2章 授業で使える英語表現

7

A: Bye. See you tomorrow.　さようなら。またあした。
B: See you!　さようなら。またね。

　その日の授業の終わりに使いましょう。Bye. の代わりに Good bye. を使うと、少していねいな言い方になります。手を振り、にこやかに言うことが大事です。「次の英語の時間も楽しいですよ」と余韻が残せればいいですね。

発展　午前中であれば Have a nice day!（よい1日を）などと付け加えるともっと英語らしいやりとりになります。週末の前は Have a nice weekend!（よい週末を）、お休みの前は Have a nice holiday [summer / break]！（よい休日［夏休み、お休み］を）となります。

8

A: How's it going?　元気（どう、やってる）？
B: Great!　最高ですよ。

　How's it going? は How are you? と同じように使われていますが、こちらのほうが親しい間柄で使用しますし、非常によく使われるフレーズです。類似表現としては How's everything? や How have you been?（どうしてた？）などがあります。「あなたはどう？」と相手に聞き返す時、And you? もありますが、How about you? と聞いてもいいです。

その他の表現
Great! の代わりに用いられる表現には以下のようなものがあります。
1．Fine. / O.K. / All right. / Good.（Great. とほぼ同じ意味。）
2．Excellent. / Terrific. / Wonderful.（Great. などより気分や調子がよいときに使う。）
3．So-so.（日本語の「まあまあ。」に相当すると考えてよい。）
4．Not so good. / Bad.（体の調子や気分がよくないときに使う。）

9

A: What color is this?　これは何色ですか。
B: It's red.　赤です。

　色はよく取り上げられるテーマです。これは子どもたちにとって非常に身近なトピックです。教室内にある様々なものを使って表現の幅を広げられるからです。また、構文的にもあとで応用のきくものでもあります。注意することは色のはっきりわかるものから始めることです。それが「薄むらさき」なのか、ただの「むらさき」なのかなどと迷う色は最初は使わないようにした方がいいでしょう。最初は虹の色（red, orange, yellow, green, blue, indigo, purple）から始めるのがお勧めです。

注意　"this" を使うとき、必ず何かを指差すようにしましょう。

10

A: What's the weather like today?　きょうの天気はどんなでしょうか。
B: It's sunny.　晴れです。

　お天気もよく取り扱われるトピックです。お天気のよい日を見計らって、教室の窓から外に向けて、It's sunny today! と言いながら導入してみましょう。天気を表す表現としては他に、cloudy（曇り），rainy（雨），snowy（雪），windy（風強し）などがあります。天気に加えて、It's nice（気持ちのよい）/warm（温かい）/cold（寒い），など陽気についても言えるといいですね。自分の好きな天候について話すことができると、英語で話すチャンスが広がります。例えば、It's sunny today. It's nice and warm. I like warm weather. It's lovely outside.

11

A: What's this?　これは何ですか。
B: It's a pencil.　鉛筆です。

　他に book, notebook, pencil case など「1つ、2つ」と数えられる名詞に使えます。注意しなければいけないことは単数か複数かということです。混ぜてしまわないように単純な単数で冠詞（a とか an）が必要なものから始めましょう。

豆知識　実はここでいう What's this? は正確に言えば What's this in English? と聞いているのと同じです。小学生に鉛筆をもち、「これ何？」と聞くのは通常ではおかしいですよね。これは **9** の色についてでも同じことが言えます。英語の練習のためには仕方のないことですが、このところを教師は意識しながら、授業を進めてほしいものです。
　たとえば、大きな袋にいろいろなものを入れ、手の感覚だけでそれが何かを当てさせるようにすると、この活動がより自然になります。袋を使わずに、子どもに目を閉じさせた状態で触らせてもよいでしょう。

12

A: What sport do you like?　何のスポーツが好きですか。
B: I like baseball.　野球です。

　自分の好き、嫌いをはっきりさせることは欧米文化の特徴です。従って、like という言葉はよく使われます。また、話題的にもこの表現を紹介しておくと、広がりが出ます。ただ、この like という言葉の後は名詞（句）がくるということ、それから、数えられる名詞の場合、必ず複数形であることに注意しましょう。したがって、最初は単数複数関係のない、スポーツ、色などからスタートするとよいでしょう。スポーツ名の他の例としては soccer, volleyball, dodge ball, skating, surfing, skiing, swimming, dancing, badminton, table tennis, basketball などがあります。

13

A: Do you like apples? りんごは好きですか。
B: Yes, I do. / No, I don't. ええ。/ いいえ

　ここまでは、疑問詞を使う文型でした。ここでは、「はい」か「いいえ」で答えられるような Yes-No の疑問文を取り上げます。Do you like ～? のように、疑問詞のない疑問文では文の最後はイントネーションが上がるのはよく知られていることですね。返事をする時、しっかりと Yes, I do. / No, I don't. と Yes. / No. だけの返事にならないようにしましょう。特に "No." だけですと、強い否定になり失礼になってしまうことが多いので、気をつけて導入しましょう。

14

A: Which do you like?　The big one or the small one?
　あなたはどちらが好きですか。大きい方ですか、それとも小さい方ですか。
B: The small one, please. 小さい方が好きです。

　工作的な作業をしている時などの機会を作って、導入すると、場面設定がこの表現にぴったりなので、理解に役立ちます。例えば、何かの行事のカード作りや七夕の飾り付けなどをしながら、Which do you like? The big one or the small one? と相手に質問してみます。

　Which など疑問詞で始まる疑問文では通常、イントネーションが下がります。また、A or B?（A か B かどちらですか）とたずねるときには、前半（or の前）では上げ、後半で下げます。形容詞にストレスがかかりますから、big と small を強く発音します。冠詞も忘れないように！

　この質問には欧米では教育的な考えが多く含まれています。まず「選ばせる」ことをします。どちらをとるかということについて、自分の意見をはっきり言えること。また、どうしてそのチョイスにしたか、その理由も無意識に考えさせる重要な基本的なこととされています。

15

A: Where's your textbook?　あなたの教科書はどこ？
B: It's in the bag.　　　　　かばんの中です。

　Where's your ～ ?（あなたの～はどこ？）を使ってwhereを導入してみましょう。in the bag の in のところに on（上に）や under（下に）を使うこともできます。通常はこの3種類の前置詞をまず使うとやりやすいようです。ただ、前置詞を中心に指導する時はTPRで動作をさせてから導入するとやりやすいです。

（例）
　　Pick up a book. Put it on the desk.
　　Now put it under the desk. Pick it up.
　　Put it in the bag.

2. 指示英語 (Directions)

1 指示を出したい時に使う表現の代表的なものを挙げていきます。

1. 指示内容　「先生の方を見て / 先生に注目」
   　英語表現　Look at me, please. / Watch me.
   　関連表現　Can you see what I am doing?（何をしているかな。）
   　＊Look at me, please. の me を the board, the window, Hitoshi などに変えると、いろいろな指示表現として使えます。

2. 指示内容　「先生のあとについて言ってみよう」
   　英語表現　Say it after me.
   　関連表現　Repeat after me.

3. 指示内容　「よく聞こえなかったよ」
   　英語表現　Excuse me?
   　関連表現　Say it again, please. / Sorry, I missed that!

4. 指示内容　「よく聞いてね」
   　英語表現　Listen up, please! / Listen carefully, please!

5. 指示内容　「もう少し大きな声で言って」
   　英語表現　Speak up, please!

6. 指示内容　「もう一度やってみよう」
   　英語表現　Let's try it again! / Again! / Once more, please!
   　関連表現　One more time. / Let's have another go. / Again!

豆知識　please は the magic word といわれています。これを使うと何でもやってもらえるよ、と子どもに教えてあげます。Let's〜 は通常「〜しましょう」と解釈されていますが、実はもう少し強い言葉です。Let's〜 というとすでにものごとは決まっており、相手に選択の余地を与える言い方ではないので、注意しましょう。選択の余地を与えたいときには、How about singing the song? のように How about 〜? を使います。

■第2章　授業で使える英語表現

2 子どもを動かすときに使える便利英語をまとめてみました。ゲーム等をやらせているときに取り入れると、動作と意味が一体となり、子どもが溶け込みやすくなります。

1．指示内容　「輪（列）になりましょう」
　　英語表現　Make a circle (line), please.

2．指示内容　「左（右）へ移動しましょう」
　　英語表現　Go to your left (right).
　　関連表現　Move to your left (right). / Shift to your left (right).

3．指示内容　「列の最後に並びましょう」
　　英語表現　Go to the end of the line, please.

4．指示内容　「列の前に来てください」
　　英語表現　Come to the front of the line, please.

5．指示内容　「この（たけし君の）グループに入ってください」
　　英語表現　Join the (Takeshi's) group, please.

6．指示内容　「横（はじ）へ移動しましょう」
　　英語表現　Please go to the side.

7．指示内容　「止まって！」
　　英語表現　Stop!
　　関連表現　Stand still!

8．指示内容　「ここへ来てください」
　　英語表現　Please come here.

9．指示内容　「手をつなぎましょう」
　　英語表現　Hold hands.

10．指示内容　「手をたたきましょう」
　　英語表現　Let's clap our hands.
　　関連表現　Clap your hands.

11. 指示内容　「ひろこちゃん（彼）に大きな拍手をおくりましょう」
　　英語表現　Let's give Hiroko (him) a big hand.

12. 指示内容　「この動作をしてみましょう」
　　英語表現　Let's do this gesture (action).
　　関連表現　Do the gesture for "happy (sad / hungry)" etc.

13. 指示内容　「向かい合いましょう」
　　英語表現　Let's face each other.

14. 指示内容　「私がする動作を見てください」
　　英語表現　Watch me do this.

3　歌を歌わせたり、テープ・CDをかけたりするときに必要な表現をまとめてあります。一度に全部使おうとはせずに、少しずつトライしていきましょう。

1. 指示内容　「まず歌を聞いてみましょう」
　　英語表現　Let's listen to the song (tune / CD / tape) first.

2. 指示内容　「もう一度聞いてみましょう」
　　英語表現　Listen to it again.

3. 指示内容　「テープと一緒に歌ってみましょう」
　　英語表現　Sing along with the tape / CD / music.
　　関連表現　Now, altogether after the tape.（さあ、みんなでテープに続いて。）

4. 指示内容　「ハミングしましょう」
　　英語表現　Just hum.

5. 指示内容　「歌に加わりましょう」
　　英語表現　Let's sing together.

6. 指示内容　「リズム（テンポ）を合わせて」
　　英語表現　Let's keep the rhythm.

7．指示内容　「歌詞を聞きましょう」
　　英語表現　Let's listen to the lyrics (the words of the song).

8．指示内容　「その調子で続けて（そのままで）」
　　英語表現　Keep it going.

4 活動をうながしたり、励ましたりするときに使うと子どもたちも喜ぶ表現です。
　Ready?　　　　　　（準備は大丈夫？）
　Give it a try!　　　（やってみよう！）
　You can do it!　　　（君なら、やれる！）
　Let's go.　　　　　（行くよ！）
　Go, go, go!　　　　（速く！／行け、行け、行け！）

豆知識　日本語ではよく「ファイト」といいますが、英語では Go, go, go. / Let's go. などがよく使われます。

5 ほめ言葉にはその程度によっていろいろあります。「もう少し」「もう一度」ともなると前項の励ます言葉とも重なります。
　　以下、分類してありますので、少しずつ使うようにしましょう。

大変よい	よい	努力したね	その調子	もう少し
Great!	Good!	Nice!	Keep it up!	Almost, but let's try it again.
Terrific!	Good job!	Nice try!		
Wonderful!		Nice going!	Let's keep trying!	
Excellent!	Yes!（力強く。やったねという意味あい。）			Try again.
Well done!				Let's work on it.
Very good!			Don't worry.（心配しないで。）	Not quite.

■ 第2部　実践事例編

　子どもの答えが正しかったときなどに、日本語の「ピンポン」「やったね」などに相当する表現に次のようなものがあります。
　That's right! / Correct! / You've got it! / That's it.

6　子どもをコントロールするとき、よく使われる表現をまとめてみました。
1．指示内容　　「静かにしてください」
　　英語表現　　Please be quiet!
　　関連表現　　Not another word, please.（一言もしゃべらないで。）

2．指示内容　　「落ちついて」
　　英語表現　　Please calm down.
　　関連表現　　Settle down, please.

3．指示内容　　「前に注目」
　　英語表現　　Eyes to the front, please.

4．指示内容　　「目を上げて」
　　英語表現　　Look up for a moment.

5．指示内容　　「一度に言わないで」
　　英語表現　　Don't talk at once!
　　関連表現　　One at a time.（1人ずつ。）

6．指示内容　　「気をつけて」
　　英語表現　　Be careful, please.
　　関連表現　　Watch out!

7．指示内容　　「だいじょうぶ？」「やれる？」
　　英語表現　　Do you need help?
　　関連表現　　How are you getting along?（どう、やれてる？）

3．ALTとの英語表現あれこれ

　ALTとの意思疎通も英語活動の1つです。ALTとのコミュニケーションに必要と思われる表現を下記、3つのグループに分けました。用途によって少しずつ使ってみましょう。
　ALTの中には何をすればよいのかわからない人がいるので、何をやってほしいかをはっきりと伝えれば、より有意義な活動へとつながります。

1 主に授業前に使う表現

日本語	英語
日本語は話せますか。	Can you speak Japanese?
どのようにして連絡がとれますか。	How can we contact you?
こちらで用意しておくものはありますか。	Is there anything you need for your class? Is there anything you would like us to prepare beforehand?
(食べ物)についてやってほしいです。	Could you do something on (food)?
次は何をやるか、教えてください。	Please let us know what you plan to do next time.
今日は(20)分あります。 (20)分授業です。	You have (twenty) minutes today. It's a (twenty-) minute class today.
活気のあるクラスです。	It's a lively class. This is a very active class.
大きいクラスです。	It's a big class. You'll have a big class.
ジェスチャーや歌をたくさん入れてください。	Please use a lot of gestures and songs.
あなたのお国の話をしてください。	Please talk about your country.
このクラスは動物の話しが好きです。	The children (students) like to talk about animals. The children are interested in animals.
前の時間には天気のことをやったので、次は違うものをやってください。	The topic last time was weather. Could you work on a different topic next time?
前回は(食べ物)についてやりました。	We talked about (food) last time.
上履きをもってきてください。	Please bring your indoor gym shoes.

2 主に授業中に使える表現

普通のスピードで話してください。	Please speak in natural speed.
はっきりとした発音でお願いします。	Please say (pronounce) the words clearly.
子どもたちが飽きてきています。次の活動をお願いします。	The children look bored. Please move on to the next activity.
この前の英語は3ヶ月前です。	Their last English lesson was three months ago.
前回と同じ内容になっています。もう少し別の活動を準備してください。	I think they worked on that topic last time. / It's the same topic as last time. Could you prepare something different?
言葉がむずかしいです。もう少し動作をつけてください。	Your English is too difficult. Please use more gestures and actions.
絵カードとかビンゴゲームの用紙とか地図などの具体的な教材はもってきてください。	Could you bring your own materials such as picture cards, bingo sheets, maps.
この歌はまだ歌ったことはありません。	This is a new song for them.
一番前の窓ぎわの子はとても臆病ですから気をつけてください。	Please watch out for the child sitting next to the window. He is a very shy student.
"Seven Steps" を違う言語で歌えますか。	Can you sing "Seven Steps" in another language?
子どもたちがちゃんと理解できているか、ときどき立ち止まって見ながら進めてください。	Could you stop from time to time to see if the children understand you?

3 主に授業の後に使う表現

今日のレッスンはよかったです。	I think you did a great job today!
いいクラスでした。ありがとう。	It was a nice class. Nice going. Thank you.
次のレッスンが楽しみです。	We look forward to your next class!
子どもたちが喜んでたみたいです。ありがとう。	The children really enjoyed your class today! Thank you.
子どもたちは喜んでいました。	The children had a great time today.
子どもたちには今日の活動はわからなかったようです。気が付いてくれてましたか。	The children did not seem to understand what you were doing. Did you notice that?

■ 第2部　実践事例編

第3章　英語の歌

1. Hello! ♪♪♪

　クラス替え直後など、子どもたちがまだ馴染みあってないときに歌うと楽しい歌です。また、ALTと仲良くなるためにももってこいの歌でもあります。なんといっても歌詞が簡単ですから、覚える必要すらないぐらいです。

Hello.
Hello.
La, La, La, La, La, La, La.
Good-bye.
Good-bye.
La, La, La, La, La, La, La.

2. ABC Song

　メロディーはだれでも知ってる、キラキラ星（原題はTwinkle, Twinkle, Little Star）。旋律に合わせてアルファベットを順番に歌ってみましょう。欧米の子どもたちがアルファベットを覚えるときには、いつもこの歌が使われます。この歌にはいろいろなバージョンがありますが、ここでは最後の2行の歌詞が最もシンプルなものを選びました。子どもたちに聞かせると「聞いたことあるー」という声がきっと返ってくることでしょう。

A, B, C, D, E, F, G,
H, I, J, K, L, M, N,
O, P, Q, R, S, T, U,
V, W, X, Y, Z.
Happy, Happy, I'm happy.
I can sing my A, B, C.

3. Seven Steps

　いろいろな歌い方を楽しめる歌です。ある数字だけ抜かしながら歌う、seven から逆に歌う、two から始めて eight まで歌う、といった具合に手を替え品を替え歌うことができます。

One, two, three, four, five, six, seven;
One, two, three, four, five, six, seven;
One, two, three,
One, two, three,
One, two, three, four, five, six, seven;
One, two, three,
One, two, three,
One, two, three, four, five, six, seven.

4. Head, Shoulders, Knees and Toes ♪♪♩

　この歌もたいへん有名な曲です。それぞれの身体の部位をさわりながら、動作をつけて楽しく歌います。慣れてきたら、歌や動作を次第に速くしていきます。また、歌詞のHead のところは歌わずに動作だけにするなど幅広く活動しましょう。

Head, shoulders, knees and toes, knees and toes,
Head, shoulders, knees and toes, knees and toes,
And eyes and ears and mouth and nose,
Head, shoulders, knees and toes, knees and toes.

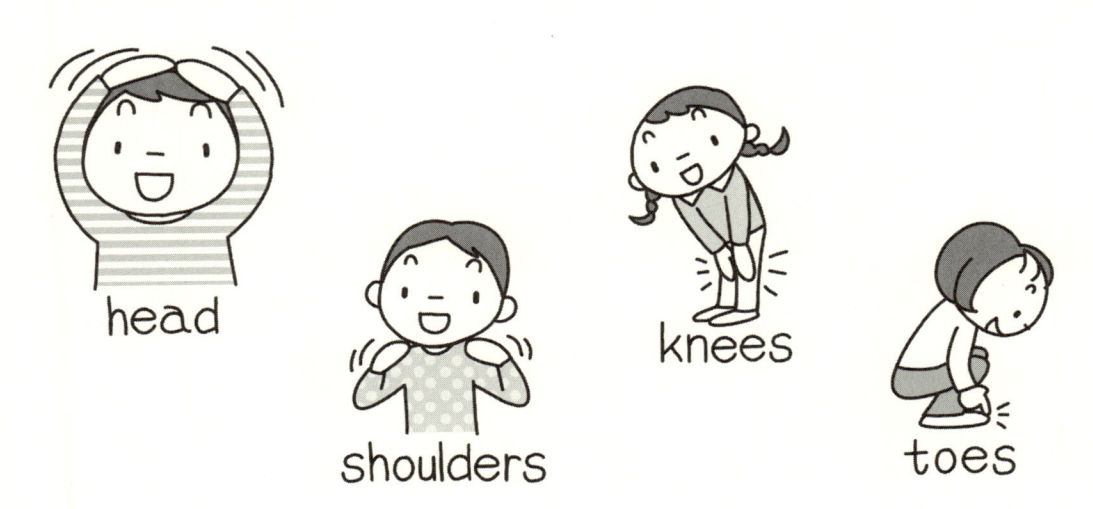

5. Happy Birthday to You ♪♪♩

　だれでも1度は聞いたことのあるお誕生日を祝う歌です。「今日、お誕生日の人！」と聞いて、英語活動の時間でなくても気軽に歌えます。th の発音が難しいところですが、さらりと口の形を練習して、あとは楽しく歌いましょう。お誕生日の子がいるときには、その子を囲んで歌い、最後には全員で拍手をして祝ってあげたいものです。

　お誕生日の子がだれもいないときは「じゃあね、先生の家に住んでいるクモのジェニーがお誕生日なのよ。歌ってあげてくれる？」なんて言うと、「えーっ。本当？」と言いながらも "Dear Jenny" ときっと歌ってくれることでしょう。

Happy birthday to you.
Happy birthday to you.
Happy birthday dear _____.
Happy birthday to you.

豆知識

　この歌はメロディーも歌詞も、アメリカの学校の先生が教室でのあいさつのために作ったのが始まりだとされています。ですから、歌詞の Happy birthday を Good morning や Goodbye に替えて歌ってもよいですね。

6. Teddy Bear

動作の言い方にふれさせるのに適した歌です。子どもたちは先生が歌ったとおりの動作をします。リズムよく替え歌にすると活動が広がります。

Ted-dy Bear, Ted-dy Bear, turn a-round, — Ted-dy Bear, Ted-dy Bear, touch the ground, — Ted-dy Bear, Ted-dy Bear, show your shoe, — Ted-dy Bear, Ted-dy Bear, that will do!

1. Teddy Bear, Teddy Bear, turn around,
   Teddy Bear, Teddy Bear, touch the ground,
   Teddy Bear, Teddy Bear, show your shoe,
   Teddy Bear, Teddy Bear, that will do!

2. Teddy Bear, Teddy Bear, go upstairs,
   Teddy Bear, Teddy Bear, say your prayers,
   Teddy Bear, Teddy Bear, switch off the light,
   Teddy Bear, Teddy Bear, say good-night.

●替え歌例

Teddy Bear, Teddy Bear, play the piano,
Teddy Bear, Teddy Bear, play the guitar,
Teddy Bear, Teddy Bear, play the violin,
Teddy Bear, Teddy Bear, that will do!

Teddy Bear, Teddy Bear, jump, jump, jump,
Teddy Bear, Teddy Bear, swim, swim, swim,
Teddy Bear, Teddy Bear, fly, fly, fly,
Teddy Bear, Teddy Bear, that will do!

豆知識

Teddy Bear は子どもに最も人気のあるぬいぐるみですが、その名前はアメリカのセオドア・ルーズベルト大統領が狩りに行ったときに子熊を助けたというエピソードに由来しています。

7. BINGO

　リズムが軽快で、みんなが大好きな歌です。歌詞や意味が分からなくても一緒に口ずさんでいるうちに自然に覚えられる曲です。1回目は歌詞を通して歌い、2回目は B-I-N-G-O の B のところで歌わずに手をたたきます。3回目は B と I、4回目は B と I と N といった具合に、歌わない部分をだんだん増やしていきましょう。「もう1回歌おう！」とせがまれることまちがいなし！　また、手をたたく代わりに足踏みしたり、鼻をつまんだり、いろいろなバリエーションが楽しめます。

There was a far-mer had a dog and Bin-go was his name, oh! B I N G O, B I N G O, B I N G O, And Bin-go was his name, oh!

There was a farmer had a dog
And Bingo was his name, oh!
B I N G O,
B I N G O,
B I N G O,
And Bingo was his name, oh!

8. We Wish You a Merry Christmas ♪♪♩

　12月から歌える「どうぞすばらしいクリスマス、新年を迎えてくださいね」という願いと希望にあふれた幸せな曲です。この歌を歌うともうすぐ冬休み、クリスマス、そしてお正月と楽しいイベントが待っています。先生までワクワクした気持ちになりますね。英語活動の最後の時間にあいさつ代わりに歌うのもいいかもしれません。

　ほとんどが繰り返しのフレーズですから、何度も歌って耳から覚えさせましょう。先生も一緒に大きな声で歌ってください。

We wish you a merry Christmas,
We wish you a merry Christmas,
We wish you a merry Christmas,
And a happy New year.

9. London Bridge

　欧米の子どもたちにとっては日本の「かごめ、かごめ」のような遊び歌です。みんなで輪になって手をつないだまま歩いたりスキップしながら歌います。歌詞の"down"のところでは全員、その都度しゃがみましょう。また、イラストのように歌いながら2人が橋をつくり、他の子はその下をくぐりぬけるという遊び方もできます。歌詞の"lady"のところで橋を落とし、そのときにつかまった子は橋役と交替します。

Lon - don Bridge is fall - ing down, fall - ing down, fall - ing down,
Lon - don Bridge is fall - ing down, My fair la - dy.

1. London Bridge is falling down,
   Falling down, falling down,
   London Bridge is falling down,
   My fair lady.
2. Build it up with wood and clay,
   Wood and clay, wood and clay,
   Build it up with wood and clay,
   My fair lady.

豆知識

　London Bridge は昔、イギリスのテムズ川にかけられた木の橋でした。戦争や災害で何度かこわされましたが、その度に建てかえられて、現在ではモダンな橋に生まれ変わっています。

10. Mary Had a Little Lamb

メロディーは日本の子どもたちもよく知っている「メリーさんの羊」です。nursery rhyme（童謡）は何代も歌い継がれてきた伝統的な歌で、今も欧米だけでなく、世界中で愛されている歌がたくさんあります。その中でも「メリーさんの羊」は親しみやすい曲の1つといえるでしょう。1番の歌詞はとても短く、最後の1文以外は繰り返しですから、すぐに覚えられるでしょう。

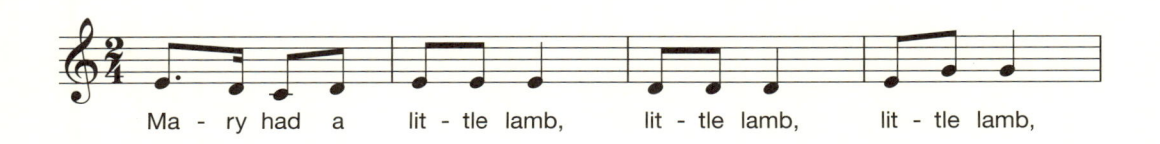

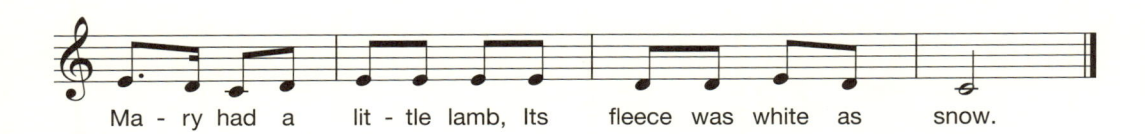

Ma - ry had a lit - tle lamb, lit - tle lamb, lit - tle lamb,
Ma - ry had a lit - tle lamb, Its fleece was white as snow.

1. Mary had a little lamb,
   little lamb, little lamb,
   Mary had a little lamb,
   Its fleece was white as snow.
2. And everywhere that Mary went,
   Mary went, Mary went,
   Everywhere that Mary went
   The lamb was sure to go.

■ 第2部　実践事例編

11. Hokey Pokey

輪になって体を動かしながら歌います。Hokey Cokeyと歌われることもあります。

You put your right foot in, you put your
right foot out, you put your right foot in, and you
shake it all a-bout, you do the ho-key po-key, and you
turn your-self a-round, That's what it's all a-bout!

1. You put your *right foot* in,
   You put your *right foot* out,
   You put your *right foot* in,
   And you shake it all about,
   You do the hokey pokey,
   And you turn yourself around,
   That's what it's all a-bout!

■ 2番から10番はイタリックの部分を入れ替えて歌います。
- 2番：left foot（左足）
- 3番：right hand（右手）
- 4番：left hand（左手）
- 5番：right shoulder（右肩）
- 6番：left shoulder（左肩）
- 7番：right hip（右のおしり）
- 8番：left hip（左のおしり）
- 8番：head（頭）
- 10番：whole self（身体全体）

Hokey Pokey ［遊び方］

児童を並ばせて輪をつくり、内側を向かせます。歌いながら輪の内側、外側に手足を動かして遊びます。時間や活動スペースに限りがあって輪になれないときには、「自分が輪の内側を向いているつもりで動作をしよう」という指示を出し、その場で行いましょう。

1. 右足を前（輪の内側）に出す。
You put your *right foot* in,

2. 右足を後ろ（輪の外側）に出す。
You put your *right foot* out,

3. 再び右足を前に出す。
You put your *right foot* in,

4. 右足をブラブラと振る。
And you shake it all about,

5. 両手の人差し指を立てて、ぐるっとその場でまわる。
You do the hokey pokey, and you turn yourself around,

6. ももを両手で1回ずつたたく。
That's what it's

7. 手を2回たたく。
all a-

8. 指をパチンと1回鳴らす。
bout

※2番以降は身体の部位を替えて、**1〜4**の動作を行います。（**5〜8**の動作は同じです）。

12. Pease Pudding Hot

nursery rhyme の代表的な歌で「せっせっせ」に似た手遊び歌です。楽しく遊んでください。

Pease pudding hot,
Pease pudding cold,
Pease pudding in the pot, Nine days old.
Some like it hot,
Some like it cold,
Some like it in the pot, Nine days old.

豆知識

pease pudding は乾かした豆から作るイギリスの伝統的なこってりとしたソースで、ベーコンやソーセージを入れて何度でも温めて食べます。

■第3章 英語の歌

Pease Pudding Hot ［遊び方］

児童をお互いに向かい合わせて、手遊びを行います。

1. 両手でももを1回たたく。
Pease
Pease

2. 手を1回たたく。
pudding
pudding

3. 互いの両手を合わせる。
hot,
cold,

4. 手を1回たたく。
Pease

5. 互いの右手を合わせる。
pudding

6. 手を1回たたく。
in the

7. 互いの左手を合わせる。
pot,

8. 両手でももを1回たたく。
Nine

9. 手を1回たたく。
days

10. 互いの両手を合わせる。
old

※以下、歌詞の区切りごとに**1～10**の動作を繰り返します。
- **1～3**の動作　　Some / like it / hot,
　　　　　　　　Some / like it / cold,
- **4～7**の動作　　Some / like it / in the / pot,
- **8～10**の動作　Nine / days / old.

13. A Sailor Went to Sea

これも楽しい手遊び歌です。リズムよく手を動かしましょう。

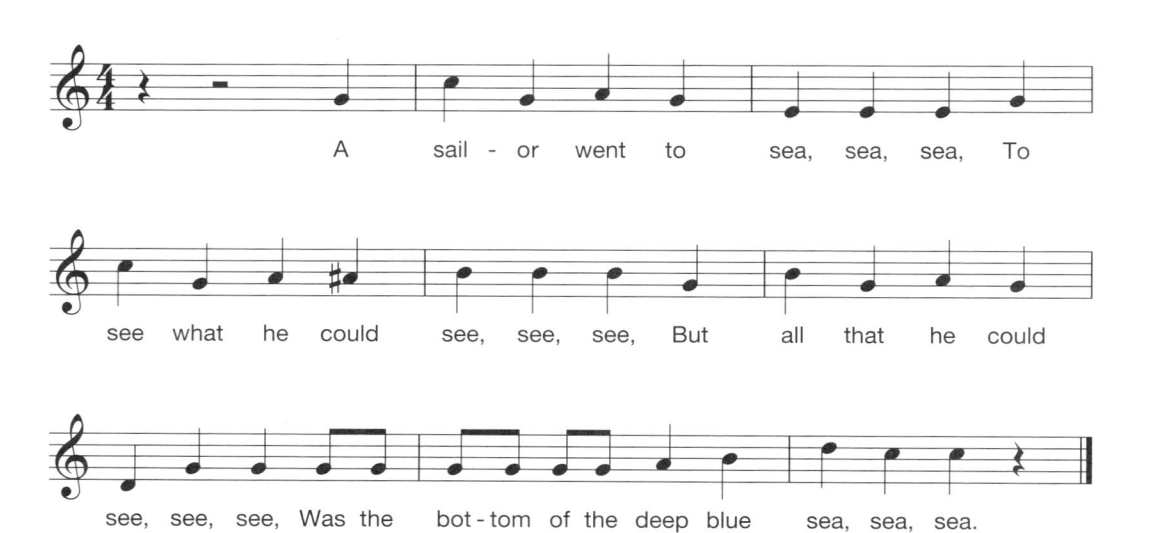

A sailor went to sea, sea, sea,
To see what he could see, see, see.
But all that he could see, see, see,
Was the bottom of the deep blue sea, sea, sea.

A Sailor Went to Sea ［遊び方］

児童をお互いに向かい合わせて、手遊びを行います。

1. 手を1回たたく。
A

2. 互いの右手を合わせる。
sai-

3. 手を1回たたく。
lor

4. 互いの左手を合わせる。
went

5. 手を1回たたく。
to

6. 互いの両手を3回合わせる
sea, sea, sea,

※以下、歌詞の区切りごとに**1～6**の動作を繰り返します。
　　to / see / what / he / could / see, see, see,
　　but / all / that / he / could / see, see, see.
　　was the / bottom / of the / deep / blue / sea, sea, sea.

14. Row, Row, Row Your Boat ♪♪♩

　これもイギリスの代表的なnursery rhyme です。全員で輪になって歌ったり、あるいは2人で向き合い、手を握り合い、互いに引っ張り合ってボートを漕ぐ動作をしながら歌ったりします。また、輪唱するにもピッタリの曲です。

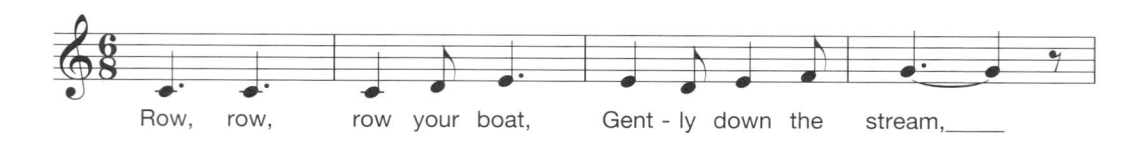

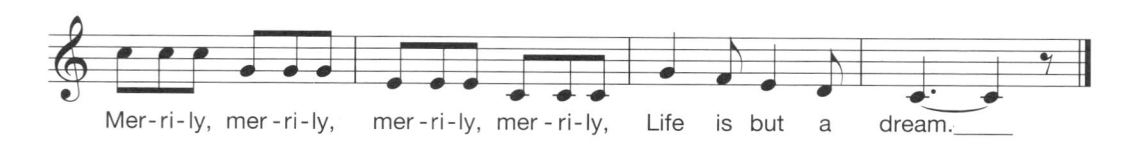

Row, row, row your boat,
Gently down the stream,
Merrily, merrily, merrily, merrily,
Life is but a dream.

15. Here We Go Round the Mulberry Bush ♪♪♩

みんなはどうやって手を洗っているのかな？ などと問いかけをした後、歌で使われているフレーズに動作をつけながら1つずつ言ってみましょう。先生が "Wash our hands." と動作をつけながら言い、児童にまねをさせます。歌うときも同じように動作をつけて歌いましょう。

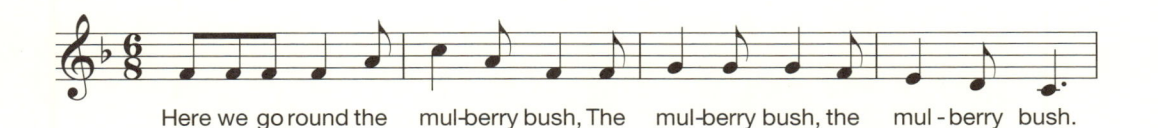

1. Here we go round the mulberry bush,
   The mulberry bush, the mulberry bush,
   Here we go round the mulberry bush,
   On a cold and frosty morning.
2. This is the way we wash our hands,
   Wash our hands, wash our hands,
   This is the way we wash our hands,
   On a cold and frosty morning.
3. This is the way we comb our hair,
   Comb our hair, comb our hair,
   This is the way we comb our hair,
   On a cold and frosty morning.

16. Are You Sleeping?

　この歌に出てくる Brother は兄弟の意味ではなく、修道士さんという意味です。きっと朝のお勤めがあるのに寝坊してしまったのですね。

　くり返しの多い歌は、先に先生が歌った後、子どもがついて歌うようにすると、何回も歌うことができます。上手になってきたら、輪唱にも挑戦してみましょう。

Are you sleeping,
Are you sleeping,
Brother John,
Brother John?
Morning bells are ringing,
Morning bells are ringing,
Ding, ding dong!
Ding, ding dong!

17. Under the Spreading Chestnut Tree ♪♪♩

　これも動作をつけて歌いましょう。Under the spreading chestnut tree と歌うところでは両腕を真上に伸ばします。また、2回目に歌うときには tree を発音せずに両手を広げて天上に広がっている木を表す動作に変えてみましょう。

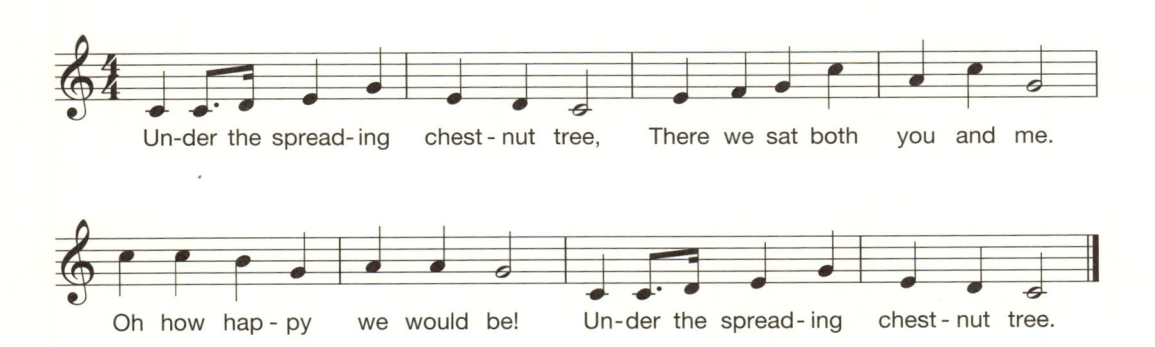

Under the spreading chestnut tree,
There we sat both you and me.
Oh how happy we would be !
Under the spreading chestnut tree.

18. Old MacDonald Had a Farm ♪♪♩

　日本語とはちがう動物の鳴き声を存分に楽しんでください。上手に歌うことより、楽しくゆかいに歌うことを心がけましょう。

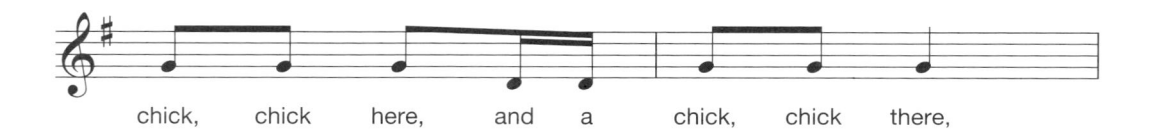

1. Old MacDonald had a farm, E-I-E-I-O!
   And on his farm he had some *chicks, E-I-E-I-O!
   With a *chick, chick* here, and a *chick, chick* there,
   Here a *chick*, there a *chick*, Ev'rywhere a *chick, chick*,
   Old MacDonald had a farm, E-I-E-I-O!

■2番～5番は＊印（動物）とイタリックの部分（鳴き声）を入れ替えて歌います。
- 2番：*ducks（アヒル）― quack
- 3番：*cows（雌牛）― moo
- 4番：*sheep（ヒツジ）― baa
- 5番：*pigs（ブタ）― oink

■第3章 英語の歌

19. Do, Re, Mi

映画「サウンド・オブ・ミュージック」で歌われた名曲です。このように流れのある歌を歌うときは、それぞれに対応する絵を掲示すると歌いやすくなります。雌じか、太陽光線、自分を指さしている人、遠くの景色などの絵を黒板に貼っておくと歌詞を思い出す手がかりになります。

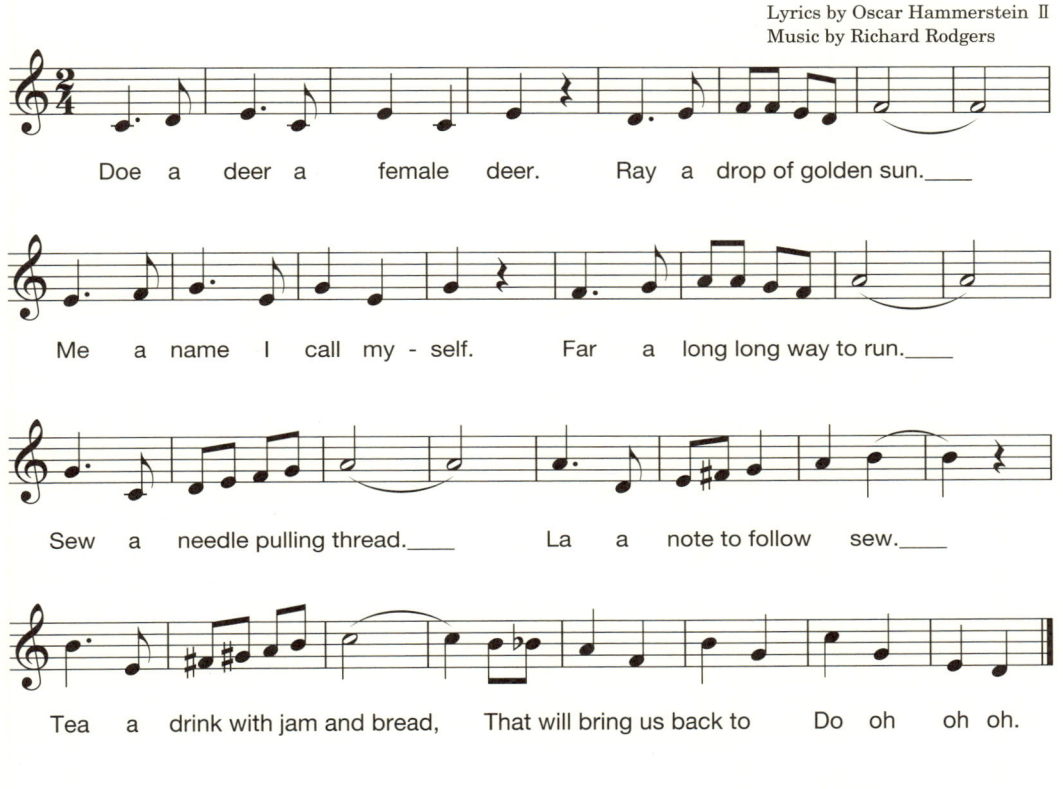

Lyrics by Oscar Hammerstein II
Music by Richard Rodgers

Doe a deer a female deer. Ray a drop of golden sun.___

Me a name I call my-self. Far a long long way to run.___

Sew a needle pulling thread.___ La a note to follow sew.___

Tea a drink with jam and bread, That will bring us back to Do oh oh oh.

Doe, a deer, a female deer.
Ray, a drop of golden sun.
Me, a name I call myself.
Far, a long long way to run.
Sew, a needle pulling thread.
La, a note to follow sew.
Tea, a drink with jam and bread.
That will bring us back to Do, oh, oh, oh.

Copyright © 1959 by Richard Rodgers and Oscar Hammerstein II
Copyright Renewed
WILLIAMSON MUSIC owner of publication and allied rights throughout the world
International Copyright Secured All Rights Reserved

20. Apples, Peaches ♪♪♩

これも nursery rhyme の１つですが、メロディーに合わせて歌うものではなく、詞を区切りながらリズムよく唱えて遊びます。

Apples, peaches, pears, and plums,
Tell me when your birthday comes.

●詞の区切り方

Apples / peaches / pears, and / plums,
Tell me / when your / birthday / comes.

　全員立たせて "Apples, peaches, pears and plums…" と児童を指さしながら詞を区切って唱えていき、comes に当たった子に教師が "When is your birthday?" と誕生日をたずねます。英語活動を始めて日が浅い児童は月の名前を英語で言えないでしょうから、教師が "January? February? March? April?…" と指で数字を示しながらたずねていき、自分の誕生月のときにうなずかせたり、"Yes." と言わせたりします。

　例えば、comes に当たった子の誕生月が August（８月）の場合、その次に並んでいる子から "January, February, March, April, May, June, July, August!" とリズムよく指さしていき、August に当たった子を座らせます。座った子の次に並んでいる子から再び "Apples, peaches, pears and plums…" と詞を唱え始めてゲームを続けます。誰が最後まで残るかドキドキハラハラのゲームです。

　人数の多いクラスでは、ペア単位で行ったり、グループ単位で行って、最後に残ったグループだけ個人戦にすると、それほど時間がかかりません。グループ単位で行う場合、グループの誰に誕生日をたずねるかは適当に決めてかまいませんが、毎回同じ子にたずねるのではなく、時計まわりに当てていくなどの配慮をしましょう。決まったやりとりをずっとしていくだけなので、子どもたちがだんだんうまくなっていくのを実感することができます。

第4章　ゲーム的な活動

1　Simon Says

●だいたいこんな感じ：先生が英語をSimon says...「サイモンさんが言ってるよ」と言ったときだけ、子どもは英語の指示に従って動くこと、それ以外はすべてアウトというゲームです。

◆ 所要時間の目安　5分
◆ 活動の流れ

① 先生はどんどん命令を出していき、子どもはその命令を実行します。

先生：Simon says "Touch your toes."
先生：Simon says "Touch your knees."
先生：Simon says "Touch your nose."
先生："Touch your mouth."
（うっかり口を触ってしまう子が必ずいる。）

先生：Simon says "Fly."
先生：Simon says "Skip."
先生：Simon says "Jump."
先生：Stop!
（うっかり止まってしまう子どもが必ずいる。）

② 引っかかった子はゲームから抜けていき、だれが最後まで残るか、というゲームです。
　引っかかった子どもはその場に座り他の友だちの活動を見ます。先生は「次はがんばろうね」と励まします。最後のひとりになるまでやらないで、引っかかったら、1回休みということにすると、最後までみんなで楽しめます。

■ひと工夫
　shoulders, knees, eyes など身体に複数ある部分では英語の単数・複数に注意させ、複数なら両手で触るように指導してもよいでしょう。

2 スリーヒントゲーム

●だいたいこんな感じ：先生が言う3つの単語や文から答えをあてる簡単なゲーム。

◆ 所要時間目安　10分〜15分
◆ 活動の流れ

① 先生の出すヒントを聞いて、子どもたちはそれが何か当てます。

　はじめは単語を3つ並べるだけのヒントの出し方からはじめましょう。"White, glass, cow."といえば答えは"Milk."ですね。この出題をあれこれ考えることが、教師自身が英語に親しんでいくよいきっかけになります。

② 3つの単語を言う出題に慣れてきたら、文章でも出題してみましょう。そのときには、自分が言いまちがえない簡単な文型を選ぶことです。"It is green. It can jump. It likes rain."(frog) "It is brown. It can swim. It likes honey and salmon."(bear) というように、ある程度使う文型を整理することで、先生が英語で表現することに慣れることができます。子どもたちは green とか jump とか rain など内容的に重要な語を聞き取って推量する力がたくましいので、文で出題してもあてることができるものです。

■ひと工夫

　小学校の先生の強みは、子どもたちの思考回路がよく分かっていることです。スリーヒントゲームの場合、3つの単語を言う順番が大きな鍵になります。例えば octopus が答えだとして始めのヒントが eight arms では子どもは「ああ、もう分かった！」という顔になって、あとのヒントは確認のために聴くだけになってしまいます。

3 Missing Game

●だいたいこんな感じ：何枚かの絵カードを先生のあとについて言う。終わったら先生は1枚のカードを抜いて，同じことを繰り返す。「さて抜けていたのはなーに？」

◆ 所要時間目安　5分
◆ 準備するもの　絵カード
◆ 活動の流れ

① 数枚の絵カードを用意し、教師のあとについて言わせます。
② 2回目は、1枚カードを抜いて同じ手順で言わせます。そこで "What's missing?"（抜けていたのは何？）と聞きます。抜けているカードが何か、子どもたちにわかるでしょうか？
③ もし簡単にわかるようだったら枚数を少しずつ増やしていくと、覚えているのが難しくなっていきます。

■ひと工夫

　こうした活動に成功するコツは、「あとで1枚抜くから気合を入れて反復するように」などと何もかも前もって説明してしまわないことです。ただひたすら繰り返せばいいんだな、と思っていたらいきなり「抜けてたのは何？」と訊かれることで、「なんとか見抜くぞ」という心の動きを引き出せるのです。はじめのただ繰り返しているときと、何が抜けているか見逃すまいとしながら繰り返しているときの子どもたちの声の出し方の違いが実感できると思います。

4 身体の部位を使った活動

●だいたいこんな感じ：先生はheadと何回も言いながら手で頭を触る。先生が急にshouldersと言いながら，手はひざを触ったら？子どもはちゃんと肩に触るでしょうか。

◆ 所要時間目安　3分
◆ 活動の流れ
① Head, head, head, head, head, head, ………, shoulders!
　先生が head と言いながら頭を触っていた手を、shoulders! で肩以外の場所、たとえばひざにもっていきます。
② 子どもは先生の動作につられて、ひざを触ってはいけません。集中していなければなりません。
Shoulders are here. と言いながら自分の両肩を触り、そこから同様に続けます。
Shoulders, shoulders, shoulders, shoulders, ……… back!
Back is here.
Back, back, back, back, ……… neck!

■ひと工夫
・ゲームでタイミングを上手にとれるのが小学校の先生の得意技です。日本語でゲームをするときの呼吸を思い出しながら、英語でも遊んでみましょう。
・リズムよく進めるよう、心がけます。

■第4章 ゲーム的な活動

5 これはなんだ？ゲーム

●だいたいこんな感じ：ポストの絵カードの上から、小さな穴をあけた、絵が隠れるくらい大きな紙を被せたら穴から赤い色だけ見えて、何の絵かわかりません。それを利用して先生がWhat is this? を連発します。

◆ 所要時間目安　10分～15分
◆ 準備するもの　色のはっきりした絵　穴あきの画用紙
◆ 活動の流れ

① 真っ赤なポスト、真っ青な空、真っ黄色のレモンなどのB5ぐらいの大きさの絵と真ん中に穴を開けた画用紙か厚紙を用意します。

② 穴の開いた画用紙を絵の上に乗せると、色はわかりますが何の絵かはわかりません。そこで先生が "What is this?" と子どもたちに当てさせます。

先生　：What is this?
子1　：トマト。
先生　：Tomato? Sorry, no.
子2　：ストロベリー。
先生　：Strawberry? Sorry, no.
子3　：郵便ポスト。
先生　：That's right. This is a mailbox.

■ひと工夫

・こうした活動の中で、子どもが答えを日本語で言ったときは、答えは認めた上で先生が英語で答えを言います。先生が英語で言えないときは、"Sorry, no." だけで逃げてしまいます。
・画用紙に空ける穴の大きさは、絵柄によって考えましょう。

■ 第2部　実践事例編

6 できる？ できない？

●だいたいこんな感じ：耳を動かしたり，指笛を吹いたり，人はいろいろな「特技」を持っています。教室でそれを見せ合っているうちに先生が Can you do that？ I can't do it. などと言い出します。

◆ 所要時間目安　10分〜15分
◆ 活動の流れ

① なんの準備も要らない活動です。耳を動かしたり、手で蛙を作ったりと人には自慢するほどでもない得意技があるものです。そうした得意技を披露し合います。先生は、その中で驚嘆の気持ちを持って "Can you do that?" "I can't do it." と言うようにします。できそうなものが出たら自信満々に "I can do that, too." と先生もやって見せます。

> Can you do this?

> I can do this.

② なんとなく can というのはできる・できないの話だとわかってきたら、"Can you ride a unicycle?" "Can you play the piano?" など子どもたちができそうなことを質問していきます。

7 ぬり絵遊び

●だいたいこんな感じ：文字通り，先生が英語で指示して子どもがぬり絵に色をぬる活動。

◆ 所要時間目安　10分〜15分
◆ 準備するもの　ぬり絵
◆ 活動の流れ
① ぬり絵をコピーして子どもたちに配ります。
② 教師の指示通りに聞き取って色をぬっていきます。

先生： Color the tree green.
　　　 Color the house blue. など

色を子どもに決めさせることもできます。

先生： What color do you want for the house?
子１： みどり。
先生： Green. OK. Let's color the house green.

③ 子どもたちに好きな色にぬらせることもできます。
　 ぬり終わった後、何を何色でぬったか、確認します。

先生： What color is your house?
子２： 赤。
先生： Red. Anyone else?
子３： Pink.
先生： What color is the tree?
子４： Green.
先生： How about your tree?
子５： Blue.

■ひと工夫

　色の語彙をたくさん持っていると、果物の色、動物の色、洋服の色、文房具の色などいろいろなトピックと結びつけて活動することができるので便利です。また、子どもの生活の中でイエローカードやレッドカード、テレビの戦隊物のキャラクターなどで聞き覚えのある色が多いので子どもにとっては親しみやすい活動だと思います。

■第2部　実践事例編

8 感情表現を使った活動

●だいたいこんな感じ：嬉しい，悲しい，怒っている…いろいろな感情を表す英語を国語の教科書や図書館にある本を使って表現しましょう。

◆ 所要時間目安　10分〜15分
◆ 準備するもの　人物画
◆ 活動の流れ

① 図書室に行って、いろいろな表情をした人が載っている画集などを探してみましょう。うれしそうな人、悲しくて泣いている人、疲れている人。その絵を子どもたちに見せながら "He is angry." "She is happy." と聞かせていきます。

② その絵の中の人物になったつもりで子どもに "I am happy!" と言ってもらいます。だれが一番感情がこもっているか見るのも楽しい活動になります。

③ また、国語の教科書に載っているお話には、感情表現があふれています。もうすでによく知っている登場人物を題材にやりとりを進めれば、日本語で学んだことを英語でも応用する経験をすることができます。

■ひと工夫

感情と密接に関わる表現なので、配慮しながら進めます。悲しくもないのに "I am sad." などと言わせることは避けたいという意識を持って、絵やストーリーの中の人物になったつもりで感情移入した上で発話させるよう心がけたいものです。

9 持っているのはだれ？

●だいたいこんな感じ：グループのうちひとりに消しゴム，ビー玉など手の平に収まるようなものを持たせ，Who has the eraser?, Do you have the eraser? などの表現を使ったやりとりを楽しみます。

◆ 所要時間目安　5分
◆ 準備するもの　消しゴムなど小さいもの
◆ 活動の流れ

① 消しゴムなど、手の平に収まるような小さなものを用意します。
② 数人の子どもを前に立たせ、みんなからは見えないところでだれかひとりにだけ消しゴムを握らせます。その子どもを入れて再び前に並んだ数人の中で、だれが消しゴムを持っているか英語で質問しながら当てます。

先生　：Who has the eraser? Can you guess?
子1　：太郎君が持っていそう。
先生　：Taro, do you have the eraser?
太郎　：No.
先生　：（答えた子1に）I am sorry for you.
子2　：花子ちゃん。
先生　：Hanako, do you have the eraser?
花子　：Yes!
先生　：Oh, she has the eraser. Let's play the game one more time.

③ はじめは先生が Do you have the eraser? とたずねますが、だんだん慣れてきたら、自分で質問するよう子どもを促してみましょう。

■ひと工夫

消しゴムとクリップとキーホルダーといった具合に、ひとりに1つずつ小さなものを持たせて、だれが何を持っているか当てさせることもできます。

■第2部　実践事例編

10　Color Basket

●だいたいこんな感じ：丸く並べた椅子とそれより1つ多い数の子ども，というセッティングで行う，基本的にはフルーツバスケットと同じゲームです。

◆ 所要時間目安　10分〜15分
◆ 活動の流れ
① イスを円状に並べ、円の内側を向いて座ります。オニは円の中央に立ちましょう。
　最初は先生がオニをやりましょう。
② 子どもを color ごと（red, blue, yellowなど）のグループに分けます。
③ 子どもたちの color 分けが決まったところで、確認のため "Who is red?"、"Who is green?" と聞いて手をあげさせます。また、先生もいずれかの color のグループに加わりましょう。
④ さて、いよいよゲームスタートです。オニはグループの color から1つを選んで言います。例えば、オニが "Yellow!" と言ったら、オニと yellow のグループの子どもは自分の座っている席を立ち上がり、他の席に移らなければなりません。
⑤ オニが「Color Basket！」と叫んだら全員が立ち上がり、他の席に移ります。

■ひと工夫
　色名で席を移動するという楽しみ方に飽きたら、"Strawberry." というような出題にしてみましょう。この場合は、もちろん red グループの人が席を移動するわけです。

104

■第4章　ゲーム的な活動

11 ビンゴゲーム

●だいたいこんな感じ：これは説明するまでもありません。マスの数や使う単語を工夫して楽しみましょう。

◆ 所要時間目安　10分〜15分
◆ 準備するもの　ビンゴのシート
◆ 活動の流れ

① 3マス×3マス、4マス×4マスなど縦と横のマスの数が同じ用紙を配って、ひとりひとり、マスを数字や果物などその日の題材で埋めていきます。
② 読み上げられた数字や果物に○をつけていって、一列○が並んだらおめでとう！ビンゴです。

■ひと工夫
・書き込む数字やフルーツを事前に決めておいてもいいですし、1から20までの数字の中から16個選んで書く、というようにしてもかまいません。
・数字やフルーツは、"Apple." とか "The next one is 'apple'". と教師が言ってもいいですし、なじんだ語彙で子どもにも言えそうなら、子どもに選ばせてもいいでしょう。
・なお用紙は5マス×5マスでは、多すぎてだれてしまうこともあります。リズムを保ちながら適切なマスの用紙を用意することが肝心です。

■第2部　実践事例編

12 カルタゲーム

●だいたいこんな感じ：これも説明の必要はないでしょう。英語でカルタ取りです。子どもたちは真剣に英語を聞きます。

◆ 所要時間目安　10分〜15分
◆ 準備するもの　絵カード（同じ組をグループの数だけ）
◆ 活動の流れ
① グループを作ってカードを絵のある表を上にしてひろげます。
② 言われたカードを取ります。

■ひと工夫

・普通に絵カードを読み上げる方法のほかに、たとえば先生が "Animal." と言ったら、ライオンでも象でも取ってかまわないというようにしても楽しく活動できます。
・カルタで困るのは、英語塾に行っているなど英語にふれる機会が多い子ほど有利だという点です。差がひらきすぎるのでは意欲もなくなりますし、ゲームとしてもおもしろくありません。そこで、先に絵カードをグループの中で配ってしまって、先生が言ったものを真ん中に出していってだれのカードが一番早くなくなるか、という活動もできます。一生懸命英語を聞くということは同じなのですが、スピードを競うわけではないので、だれがそれを持っているか落ち着いて見ることができます。

13 なったつもりゲーム

●だいたいこんな感じ：英語でヒントを言い，それが何であるか当てさせるゲームです。子どもたちはヒントを一生懸命聞く必要があります。

◆ 所要時間目安　10分〜15分
◆ 活動の流れ

① 先生がいろいろな動物になったつもりで自己紹介をして、子どもたちに何の動物か当てさせます。

先生：Let's play 「なったつもりゲーム」．I have two legs. I have two wings. I can walk. I can't fly. I am black and white. Who am I?
子1：Are you a dog?
先生：No. I have two wings. (penguin)
子1：あ、そうか…。

② 1つ終わったら、次の問題に移る。たとえば次のようなものが考えられます。

　I have no legs. I have no wings. I have eight arms. Who am I? (octopus)

　I have six legs. I have two antennas. I am very small. I like sugar. Who am I? (ant)

　I have no legs. I have no wings. I can swim. I am very big. Who am I? (whale)

■ひと工夫

出題する英文のパターンをある程度そろえておいて、似た文型を繰り返し言えば済みますので先生の負担が大きくなりません。また、出題文をカードなどに書いておけばそれを読むだけで活動が進みます。

■第2部　実践事例編

14 それはなんでしょう？ゲーム

●だいたいこんな感じ：前項の「なったつもりゲーム」の主語をitに変えれば，このゲームができます。

◆ 所要時間目安　10分～15分
◆ 活動の流れ

① 次のように先生がヒントを言って、子どもたちに当てさせます。動物だと言うことは言っておきます。

先生：It has four wings. It has six legs. It likes flowers. It can fly. What is it?
子1：ちょうちょ！
先生：Yes! It is a butterfly. The next one. It has long ears. It has red eyes. It likes carrots. It can hop. What is it?
子2：ラビット！
先生：Yes! It is a rabbit.

② 次は動物以外のものだと言って、クイズを続けます。

先生：It is red. It stands outside. It eats many letters and cards. What is it?
子3：ポスト！
先生：Bingo! It is a postbox. Let's go to the next one. It has many pencils. It has an eraser, too. I can see it on Hanako's desk.
子4：ふでばこだ！
先生：Yes. It is a pencil case.

■ひと工夫

・動物を扱うことで、その動物の好物、色、生息地、身体の特徴など多くの話題にひろげることができます。
・こうした活動は、事前に用意しておいたメモを読み上げればできますので、その場で英語を考える必要がないのがいいところです。「なんだか分かるかな？」という気持ちをこめて用意して言ったメモを読むと、英語がうまくなったように感じられます。

■第4章 ゲーム的な活動

15 曜日と教科を使った活動

●だいたいこんな感じ：時間割には教科の名前と曜日が必ず入っています。それを使った英語表現にゲーム活動の中で触れましょう。

◆ 所要時間目安　10分〜15分
◆ 準備するもの　曜日の絵カード、教科名の絵カード
◆ 活動の流れ

① 教科の名前に触れましょう。

　先生：Look at our class schedule. 週に2回あるのは？
　子ら：理科！
　先生：Yes. We have science twice a week.（理科の絵カードを黒板に貼る。）1回あるのは？
　　　　2時間続きだよ。
　子ら：図工！
　先生：Yes. We have arts and crafts only once a week.（図工の絵カードを黒板に貼る。）
　　　　（同様に他の教科名も子どもたちから引き出して、黒板に絵カードを貼る。）

② 曜日に話題を広げましょう。

　先生：We study many subjects.（黒板の絵カードを見ながら）Do we study science on Monday?
　子ら：No!
　先生：No. We don't study science on Monday.
　　　　Do we study science on Tuesday?
　子ら：Yes!
　先生：Yes. We study science on Tuesday.

③ 科目と曜日のマッチングゲームをしましょう。教科のカードから1枚、曜日のカードから1枚引いて文を作ります。内容が正しければマッチング成立です。

　先生：We study science on Monday. Yes or no?
　子ら：No!

■ひと工夫

　この題材でテレビ番組やお稽古ごとなどを取り上げることが可能ですが、クラスの雰囲気や家庭環境などに配慮してすすめることが大切です。

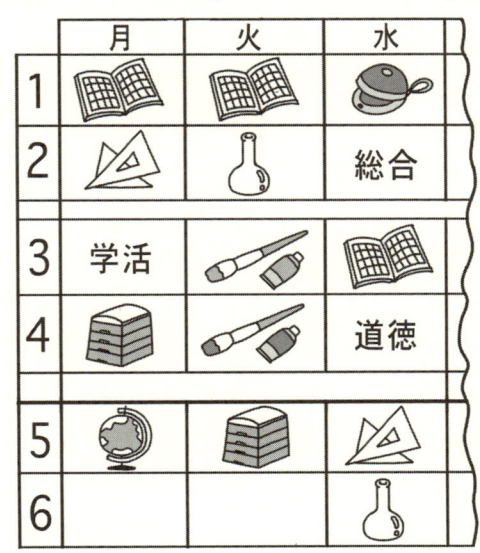

109

■第2部　実践事例編

16　隠しものゲーム

●だいたいこんな感じ：ティームティーチングのときに，1人の先生が「オニ」になり，クラス全員ともう1人の先生が教室のどこかに隠したものを英語を使いながら探します。

◆ 所要時間目安　15分〜20分
◆ 準備するもの　隠すもの（ボール、筆箱、黒板消し、など）
◆ 活動の流れ
① ティームティーチングにもってこいの活動です。1人の先生は教室の外に出ます。
② その間にもう1人の先生と子どもたちでこっそり何かを教室のどこかに隠します。静かに静かに隠さなければいけません。
③ 隠したら外にいた先生に入ってもらって、隠したものを探してもらいます。その時、どんどん英語で独りごとを言います。

先生：Where is the ball?
　　　Where is it?
　　　（棚の上を確かめながら）
　　　Is it on the shelf?
子ら：No! No! そんなところじゃないよ。

先生：Is it in the teacher's desk?
　　　No. Ummm. Where is it?
子ら：（くすくすくすくす）
先生：Is it in the waste basket?
　　　Oh! I found the ball.

■ひと工夫

　先生が1人しかいないときにこのゲームをすると、子どもだけでものを隠さなければならなくなります。大人の助けがなくてもこうしたことが上手にできるクラスもあれば、なかなかうまくできないクラスもありますので、現状に合わせて活動をデザインしてください。ALTがくるなら、ALTに探す役をお願いしてしまいましょう。

17 文字遊び

●だいたいこんな感じ：チラシや新聞・雑誌などからアルファベットを集めてみるのも楽しいものです。

◆ 所要時間目安　5分
◆ 準備するもの　商品のパッケージ、新聞、チラシ、その他なんでも英語が載っているものを子どもたちに持ってこさせる。先生も探しておく。
◆ 活動の流れ
① 食材や衣類のパッケージや、新聞・雑誌・折込チラシにアルファベットが書かれていることが多くあります。こうした空き箱やチラシをみんなで学校に持ち寄って、AからZまで26文字揃うか、確かめてみましょう。
② 文字を提示して、その形を身体や手で作ってみる活動は文字に対する親しみが増すことになるでしょう。文字のカードがなければ、黒板に先生が文字を書いて示せばよいのです。
③ 似ている文字で仲間作りをしたり、大文字と小文字が似ている組み合わせを探したりするのも、単調なように見えてあれこれ考えさせられる活動になります。

■ひと工夫
・ペンマンシップで本格的に書き始める前に、アルファベットと仲良くなっておく時期を作っておきたいものです。
・子どもたちは、日本語の経験から書かれている文字と音には何がしかの関連があるということは分かっていますので、例えば elephant と cat の発音を聞き、文字を見れば、長い方が elephant だということが分かります。細かく読めるわけではないけれど、どっちがどれか、というような課題には、不思議なほど勘を働かせて質の高い反応をみせてくれます。

■ 第2部　実践事例編

第5章　ドラマ的な活動

　この章は第2部の他の箇所と趣旨が異なり、第1部の第2章第1節で触れた「ドラマ的な活動」の具体例を示したもので、これまであまり知られていなかった活動例が紹介されています。たとえば、対話を結びつけてスキットにする方法や、観客も劇に参加する参加劇、また、TPRからの劇作り、子どもと一緒に物語を劇にする活動などです。共通している発想は、観客に見せるためではなく、子どもの主体性を大切した活動ということです。ただ、こうした活動は、書面だけではわかりにくいものです。幸い、このうちのいくつかは学校での上演や研究会での実演のDVDがあるので、それを参照すれば理解が深まります。開隆堂のホームページ（http://www.kairyudo.co.jp）を参照してください。

第1節　対話例を重ねて、スキットにする。

　自己紹介の対話、出入国の対話、買い物の対話など、授業で練習したあとで、それらを関連付けて、スキットにすることができます。たとえば、『手引き』にある次の3つの対話を結びつけて、次頁に紹介する「楽しいハワイ旅行」のようなスキットができます。

◀対話の指導については、第1部の第2章第1節（pp.26-27）を参照

対話1　自己紹介の対話（『手引き』p.74 ）

　　A: Hello. I am 〜. Nice to see you.
　　B: Hello. I am 〜. Nice to see you, too.

対話2　出入国の対話（『手引き』p.104）

　　A: What's your name, please?
　　B: My name is 〜.
　　A: Where are you from?
　　B: I'm from Japan.
　　A: How many days are you staying?
　　B: Six days.

◀これらの対話はすでに扱っているはずですが、スキットの練習に取り組む前に、もう一度復習しておいた方がよい。

対話3　買い物の対話（『手引き』p.104）

　　A: Hello.
　　B: May I help you?

```
A: How much is this?
B: It's thirty dollars.
A: Can you give me a discount, please?
B: Sorry.
A: Then, it's OK.  Here you are.
B: Here you are.  Thank you very much.
A: Thank you.
```

◀ 第3の対話は簡略版（p.27）があるので、そちらでもよい。

　以下のスキットは、佐藤さん一家、Mr. Sato, Mrs. Sato, Ichiro, Yuki がハワイ旅行に行くという設定ですが、ナレーターは教師（と ALT）がします。また、佐藤家以外の登場人物については、一人で複数の役（たとえば、税関の役人、バスの運転手、ホテルの受付け、店員を兼ねるなど）を演ずるようにすれば、小さな役の子どもでも参加場面が多くなり不公平感がなくなります。その場合は、開始に先立って、自分が演ずる役を紹介することが必要です。演じる教室の机は移動し、椅子は客席や舞台セットとして使用します。なん回か練習した後でなら、ステージで演ずることも可能です。また、「調べ学習」でハワイの名所を事前に調べさせておいて、スキットの中に取り入れることもできます。

◀ スキットの開始に先立って、ナレーターは、まず物語の流れを紹介する。また、波の音を出すことを観客に練習させる。「このスキットは、佐藤さん一家がハワイ旅行をした時のお話です。私は進行係をします。皆さんにはハワイのワイキキの波の音を出してもらいます。練習しましょう。」という導入を入れる。

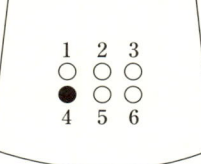

楽しいハワイ旅行

（ナレーターは、機内にいるという場面を設定し、登場人物を右図のように横2列になるように座らせる。）

N: みなさん、佐藤さん一家はハワイ行きの飛行機の中です。自己紹介をしてもらいましょう。Mr. Sato, please.（以下、「対話1」の要領で自己紹介をする。）

　（機内アナウンスでホノルル到着が間もなくであることを知らせる。全員が前に身体を倒して、飛行機が下降している様子や着地のショックを示す動作をする。到着。ハワイアン音楽か教師のリードで観客がハワイの歌を歌う。）

N: ホノルル空港に到着しました。これから入国の手続きがありますから、しっかり答えてくださいね。それでは審査官の前に2列に並びましょう。

　（審査官はALTあるいは、役を割り当てられた子どもが演じ、上の対話2をそのまま話す。話せない子どもがいたら、互いに教えあい、それでもだめなら、教師がプロンプター役でせりふを教える。）

1. Mr. Sato　　2. Ichiro
3. その他（だれでも）
4. ナレーター
5. Mrs. Sato　　6. Yuki

N: 無事に入国手続きが終了しました。それではリムジンでホテルに向かいます。Get on the bus and sit down, please. Are you ready? Let's start.（と飛行機の座席の椅子を動かし、観客に対して縦2列になるように座り、バスに乗った感じ。運転手役のハンドルさばきに合わせて、身体を左右に揺らす。）

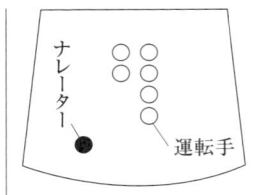

N: （ビデオや絵を示して名所の場面を見せながら）Look at the beautiful beach. That is Waikiki beach. 観客の皆さん。ここでハワイの大きな波の音を聞かせてください。（観客をリードして大波の音を出す）Wonderful! ワイキキではサーフィンが盛んですね。Now, look at the hill. That is Diamond Head. ハワイ語でなんと呼ばれているか知っていますか。そう、カラマナヒーラです。Oh, here we are. ホテルに到着しました。All right, everyone. Get off the bus. それでは、ホテルで宿泊の手続きをしましょう。ジョンさんと私が受付役をしますから、みなさんで相談して答えてください。）

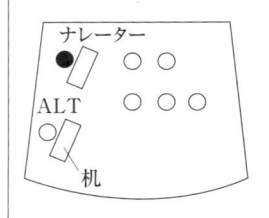

N: Hello, may I help you?　What's your name, please?

Mr. Sato: I am Shinichi Sato.（以下、順に名前をいう）

N: Welcome to Hawaii. And how many days are you staying?

Mrs. Sato: For five days.

N: Very good. I hope you'll enjoy your stay.

Mr. Sato: Thank you.

N: それでは、皆さん、部屋でおくつろぎください。（それぞれ椅子を動かして、今度は客室風に丸く座り、話しだす。）やがて、疲れがでて、佐藤さん一家は眠りにつきました。ホテルには波の音が子守歌のように聞こえてきました。観客の皆さん、静かな波の音をお願いします。こうしてハワイの夜は過ぎてゆきました。（少し間を置いて、今度は元気よく）Everyone, get up! It's morning. 朝のさわやかな波の音が聞こえてきました。観客の皆さん、さわやかな波の音をお願いします。Wonderful! It's a beautiful morning. しばらくすると、ホテルに佐藤さん一家をMr. Simon がたずねてきました。（サイモン役はALTか指名した子ども）

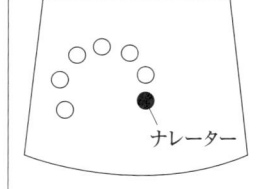

Mr. Simon: Knock, knock, knock.（とドアを叩く動作。Mr. Sato が扉を開ける）Aloha! Welcome to Honolulu, Mr. Sato. Nice to see you.（と大げさに抱きつく）

Mr. Sato:（とまどいながらも）Hi, Mr. Simon. Nice to see you, too.

◀観客に指示をしたり絵を見せるときには、立ち上がって舞台右で話す。

◀それぞれが、椅子を手荷物の感じで手に持って降りる。

This is Mrs. Sato.
Mrs. Sato: Hi! I am Mrs. Sato. Nice to see you, Mr. Simon.
　（以下、家族一人一人が対話1にならって挨拶する）
N: 挨拶が終わると、サイモンさんは佐藤さん一家をいろいろな名所に連れて行ってくれました。（ビデオでハワイの観光地をみせる。あるいは、「調べ学習」で集めた写真を示しながら、日本語で観光案内やホノルルの説明を子どもにさせる。）最後に、サイモンさんは佐藤さんたちをショッピング・センターに連れてゆきました。それぞれがハワイのお土産を買い、レジでお金を払っています。（店員役は教師とALTまたは、指名された子ども）
N: May I help you?
Mr. Sato: Yes, please. How much is this?
　（以下、対話3の要領で、それぞれが欲しいものを買う。）
N: お土産も買ったし、日本に帰る日がきました。サイモンさんにお別れの挨拶をしましょう。
Mr. Sato: Good-by, Mr. Simon. Thank you very much. See you soon.
Mr. Simon: Good-by, Mr. Sato. See you soon.
　　（以下同様に、握手して別れの手をふる。再び空港。ハワイアンの音楽か歌。できれば全員で、観客も含めて合唱したい。）
N: それでは、最後にハワイにAloha! とお別れしましょう。
Everyone: Aloha! Good-by!　（と観客に手をふる。）
N: これで佐藤さん一家のハワイ旅行は終わりです。いつまでもよい思い出になるでしょう。
　それでは、登場人物の皆さん、観客の皆さんに挨拶をしましょう。Thank you very much.

　さあ、役者の皆さんは前に座ってください。観客の皆さん、このグループの演技でよかった点はどこですか？こうしたらもっと面白いと気付いた点は…？（などと評価活動を行う）では、別のグループに演じてもらいましょう。Any volunteers?

◁ ビデオを見たり、調べ学習の発表（発表者は登場人物の中からでも、それと関係のない人でもよい）を聞くときには、舞台の上で発表者を囲んで聞く。
◁ ショッピング・センターに行くときには、椅子は舞台のすみに置いてゆく。

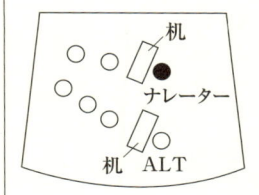

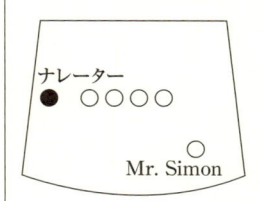

指導上の留意点：　上演には、前もって対話文の暗記が必要だが、それでもせりふが出ないことが多い。その場合には、互いに教えたり、教師がプロンプター役をしてもよい。実際のハワイ旅行を考えてみても、仲間うちで日本語で話し、英語を話す場合には教えあうことはよくあることだから、日本語の使用は不自然ではない。また、ハワイの歌を1つ全員が歌えるように事前に練習しておく。CD（テープ）で音楽を流し、ハミングするだけでもよいだろう。さらに、上演に先立って、観客に波の音、アロハーの意味などを教えて練習しておくと、演技する側と観客の一体感が高まり、上演もうまくゆく。また、教師は台本を手にもって、見ながら演技してもよい。もちろん、佐藤さん一家以外の役（入国審査官、ホテルの受付、バスの運転手、サイモンさん、店員）は、最初から子どもに役を割り振って、その場面だけに登場させてもよい。一方、佐藤さん一家は、おじいさん、おばあさんなどの役を増やすことができるから、子どもの人数に応じて役割分担をする。まず、グループで練習させ、その後、希望するグループに舞台で演じさせる。しかし最初から完全なスキットはできないから、「まず、リハーサルを！」と言って動きを教えてから演技をすることが大切である。

第2節　TPRからドラマ的な活動に発展させる。

　TPRで必要な語彙や表現を全員で練習し、その後、役割別にグループに分けて動きとせりふの練習をします。その後、各グループから1名（ないし2名）の希望者を募り、教師のTPRの指示によって動きやせりふを伴う演技をします。残った者はコーラスとして、教師の指示で場の雰囲気作りをしたり、登場人物と会話します。ステージではなく、見る人も演ずる人も同じ平面をシェアします。ただ、見る場所と演ずる場所の区別は必要なので、たとえば、次のように場所を割り振ります。

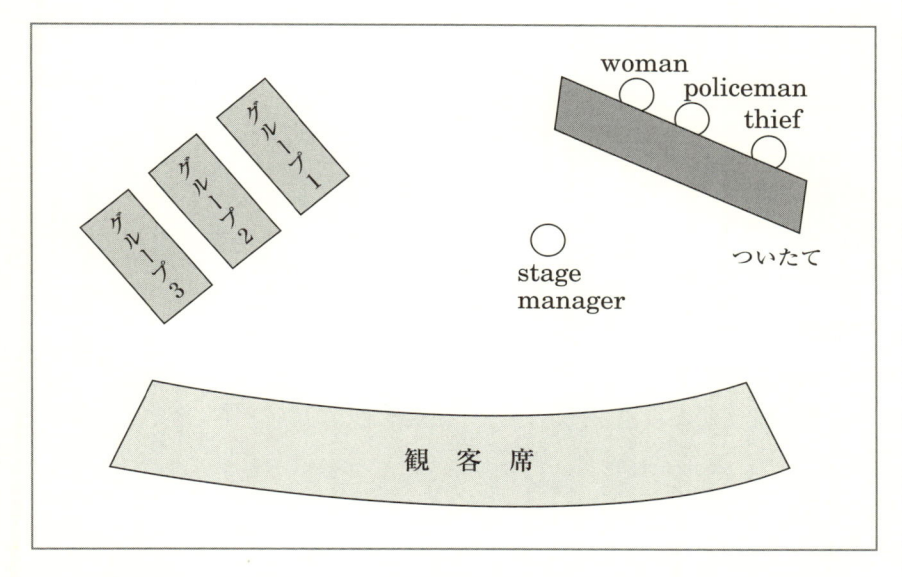

◉一つの役を2名で行うのは、自信をつけたり、せりふの暗記を助けたりするため。

◉できれば全員をコーラスとして参加させたいのだが、中にはためらう子どももいる。その場合は、その子どもたちには観客としての役割を3つ指示する。
①上演の良かった点を見つける。特に、だれのどのような演技が良かったかを見つける。
②「こうしたらもっと良くなる」という点を見つける。
③このような上演形式の小学校英語活動への利用法を見つける。

　この活動は、平成18年度の藤沢市の夏季英語研修会で、その日たまたま出席された小学校の先生を中心に実施したものです。教材は成人向けのTPRを集めたE. Romijin and C.Seely.1979. *Live Action English*. Pergamon Pressから、Stop! Thief! というテーマを選択しました。子ども向けの場合は、TPR自体をより平易なものに変更することが必要でしょう。活動の手順は次のようでした。

(1)　スクリプトを講師が動作をつけて読み、受講者全員が動作を真似て、せりふも話すよう促す。必要に応じて日本語で意味を解説する。

　　1. You're going to rob a woman.（女性から物を奪うつもりです）
　　2. You're going to steal her purse.（彼女のさいふを盗むつもりです）
　　3. Take out your gun.（ピストルを取り出しなさい）
　　4. Point it at the victim.（それを狙った相手に向けなさい）

5. Say, "Stick'em up!"（「手を上げろ！」と言いなさい）

6. Grab her purse.（さいふをつかみなさい）

7. Uh-oh! Here comes a policeman!（大変だ！ 警官が来た）

8. Run away!（逃げなさい）

9. Stop! Thief! Stop!（止まれ！ 盗人！ 止まれ！）

10. Drop your gun. Drop the purse.

    （ピストルを離し、さいふも離しなさい）

11. Hold up your hands.（両手を上げなさい）

12. Say, "Don't shoot me!"（「撃たないでくれ！」と言いなさい）

13. You see? Crime doesn't pay.

    （ほらね。悪いことをしても合わないものさ）

(2) 慣れてきたら、講師は英文を読むだけで動作をせずに、受講者だけにさせる。

(3) グループで女性、泥棒、警官の役を決め、講師の指示に合わせて、動作やせりふを練習する。

(4) 参加劇にすることを告げ、1つのグループに演技をさせる。他はコーラスになり、講師の指示で動くことを告げ、コーラスにはシナリオを配布する。また、参加したくない人は観客になり、コメントをする役にする。観客も劇には大切な役割があることを強調する。

Stop！ Thief！ 参加劇シナリオ

（観客以外は、女性、泥棒、警官の役割を演ずる者を除いて、他の参加者がコーラスになる。コーラスは3つのグループに別れ、Stage Manager（以下、S.M.）の合図で、S.M.の話すせりふを繰り返す。声を合わせる必要はないし、自分でせりふを付け加えてもよい。）注①

S.M.：（夜のニューヨークの危険を暗示するジャズ音楽や、犬の遠吠えの後で）注② Chorus, stand up. This is a street in New York.

Chorus:（S.M.のせりふを繰り返す）This is a street in New York. 注③

S.M.: It is a very dangerous street at night.

Chorus: It is a very dangerous street at night.（S.M.の合図で座る）

S.M.: Woman, walk in quickly and stop. （女性が登場）注④

S.M.: Here comes a woman. She is pretty and rich. Group 1.

Group 1: Here comes a woman. She is pretty and rich.（以下同様に、どのグループもS.M.の話すせりふを繰り返すので、この後のS.M.の

◎日本語に訳さなくてもさし絵で理解を助けることもできる。

注① シナリオは配布しても、コーラスはS.M.の話すせりふを繰り返すだけだから、実際は必要ない。ただ、そこに、日本語でも英語でも、自分のせりふを手短に加えてもよいことを告げておく。コーラスと観客は椅子に座っている。

注② ジャズや犬の効果音がないときには、S.M.が英語で激しくののしり合う声や、犬の遠吠えを自分で作り出してムードを盛りあげる。

注③ S.M.がchorusと言ったときは、全員が立ち、S.M.のせりふを繰り返す。

注④ ついたてから走って登場。デートに来るはずの相手を待っている。

せりふの記述はカットする）

Group 2: She has a purse in her hand. Be careful! 注⑤

Group 3: What is she doing? She is waiting for her boyfriend.

S.M.: Thief, walk in slowly and look around.（泥棒登場）Group 1. 注⑥

Group 1: Here comes a bad man. He is a thief, thief, thief!

Group 2: He has a gun, gun, gun!

Group 3: He is dangerous, dangerous, dangerous!

S.M.:（Thief に近づき、小声で）Thief, you're going to rob that woman. You are going to steal her purse. Take out your gun. Point it at the woman. Walk up to her, and say, "Stick'em up!" 注⑦

Thief:（女性に近づきピストルを突きつけ）Stick'em up!

S.M.: Grab her purse! Say, "Give me your purse!"

Thief:（バッグを奪い取ろうとして）Give me your purse!

S.M.: Woman, say, "No, this is my purse. Help me!"

Woman:（必死に抵抗して）No, this is my purse. Help me!

S.M.: Chorus, stand up. 注⑧

Chorus: Help, help! Thief! A thief is robbing a woman. Call police! Police, police. Come and help the woman. (Pi-po, pi-po) 注⑨ Oh, here comes a policeman.

S.M.: Thief, here comes a policeman. 注⑩ Run away! Policeman, come in and say "Stop! Thief! I'll shoot you!"（警官登場）

Policeman: Stop! Thief! I'll shoot you!

S.M.: Thief, stop. Drop your gun. Drop the purse. Hold up your hands and say, "Don't shoot me! Please!"

Thief: Don't shoot me, please!

S.M.: Lady, here is your purse. 注⑪ Say "Thank you" to the policeman and the town people.

Woman: Thank you very much.

S.M.: Everyone, say, "You're welcome."

Chorus: You're welcome.

S.M.: Policeman, take him away.（コーラスに）Good-by, lady. Be careful now.

注⑤ Be careful! は女性に向かって言うのだが、女性には聞こえない。

注⑥ S.M.の動作を真似て指さしながら。

注⑦ S.M.は悪魔のようにthiefに近づき、小声で指示する。舞台図は、おおむね次のよう。

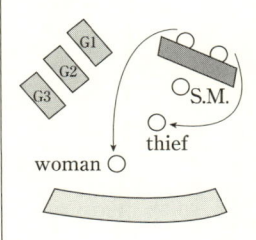

注⑧ これまで座っていたコーラスが全員立ち上がり、大声で叫ぶ。

注⑨ パトカーの音。効果音を使ってもよいが、S.M.が口で出してもよい。

注⑩ 強盗に急いで近づき、逃げるようにうながす。次に警官に近づき、警官の一人であるかのように。

注⑪ 落ちていたさいふを拾って手渡す。警官とコーラスに礼を言うように指示。警官は強盗を連れて去る。

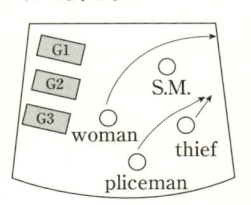

Chorus: Good-by, lady. Be careful now. 注⑫ （観客に向かって）
　You see, crime doesn't pay. Crime doesn't pay. Good-by and thank you. 注⑬

(5) 観客から良かった点、見ていて気付いた点などを言ってもらい、演じた側からも演じた感想や、改良したい点を出してもらう。

(6) 当日は時間がなくてできなかったが、今度は観客に演技者になってもらって、同じシナリオを繰り返したり、あるいはStage Managerなしに劇にするなども工夫できる。

注⑫　womanをやさしく見送る。その後向きを変えて、観客にこの劇のテーマを告げる。
注⑬　劇が終わったら、拍手を観客にうながす。その後登場人物全員が再登場して観客に挨拶し、再び拍手。それから評価に入る。

指導上の留意点：　　上のTPRは大人向きなので、英語もかなり難しくなったが、子どもの日常的な動作から劇にすることもできる。たとえば、Get up. Wash your face. Walk to the kitchen. Sit down at the table. Have breakfast. などの動作を練習させた後で、朝、食堂に行ってみたら、自分の場所で知らない子が食事をしていた。しかも、両親はその子を自分たちの子どもだという。それは、朝起きられない子の悪夢だった、という劇にすることもできる。このようにTPRで動作をさせておいて、せりふは教師がプロンプターとして教えてやれば、かなりのスキットが容易に完成する。是非、トライして欲しいものである。

第3節　物語を参加劇にする。

　皆がよく知っている物語を、参加劇にすることができます。この場合、劇中で使われる歌やゲーム、きまり文句などは、事前に英語活動の中で練習しておきます。逆に言えば、授業中に練習した歌やゲームを劇中に取り入れるよう工夫するのです。この参加劇は、平成19年度の藤沢市の夏季講習会で、たまたまその会に参加された小学校の先生が参加できる形に設定したものです。今回は時間が限られていたためシナリオを用意し、かつ、それぞれのグループのリーダーには、英語・英語活動研究部会の研究員があたることにしていました。子どもが演ずる場合には、主要キャストとリーダー役を演ずる者には、事前の練習が必要でしょう。ただ、それも一通り動きを覚えれば、せりふはナレーターが教えてくれるので、それほど練習の時間は必要はありません。

例1　『マッチ売りの少女』の参加劇シナリオ

（観客はコーラスとなり下図の様に座る。登場人物はコーラスの前に立って、自己紹介をする。舞台監督は教師が演じ、英語と日本語を用いて劇の流れを取り仕切り、せりふも教える。）

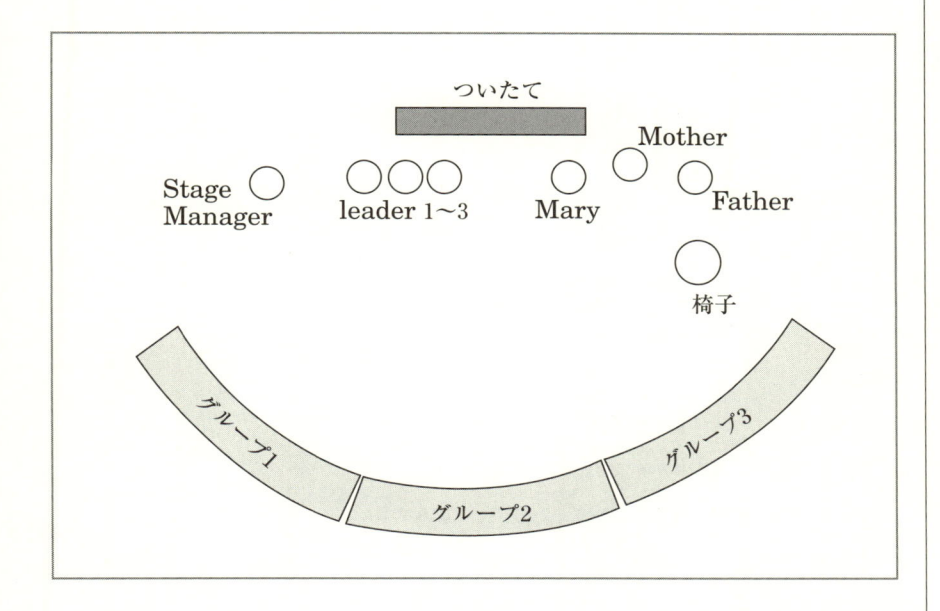

◆第5章　ドラマ的な活動

◉アンデルセンの有名な物語ですが、原作を読んで知っている子どもは少ないでしょう。「マッチ売りの少女」の名前は子どもたちに決めさせます。また、核家族化が進んでいる現在、「おばあさん」のやさしさを感じている子どもも少ないでしょう。その場合は、最後に現れるのは「おばあさん」ではなく「お母さん」に設定します。ただ、中には原作にこだわる人もいるかも知れません。その心配のあるときには、劇を始める前か終わった後で原作との違いを説明することも必要かも知れません。

（図：ついたて、Stage Manager、leader 1～3、Mary、Mother、Father、椅子、グループ1、グループ2、グループ3）

Stage Manager: Hello, everyone.　これから『マッチ売りの少女』の参加劇をします。参加劇というのは、観客の皆さんにも参加してもらって盛り上げる形の劇です。でも、心配はいりません。皆さんは、私の言うとおりに動いてもらえればよいのですから。では、この人たちは第1グループ（1、2年生）注①で1つの家族を作ります。ここまでが第2グループ（3、4年生）で、別の家族、ここまでが第3のグループ（5、6年生）にします。それでは少し練習しましょう。第1グループ、北風の吹く音を出してください。Very good. 第2のグループ、同じく北風の音を出してください。それでは第3グループ。同じく北風の音をお願いします。それでは一緒に。Very nice. It sounds very cold. 本当に冬になったような感じがしましたね。今度は教会の鐘の音です。Ding-dong, ding-dong. 2回ずつ繰り返して。グループ3から。Excellent!

S.M.: それでは登場人物を紹介します。注② These are the leaders of the chorus members.　劇の進行を助けるコーラスの役割をする人たちで

注①　グループ分けを学年をもとにしたのは、そこでの英語活動の成果を発表しやすくするためです。

注②　1人ずつ紹介しながら。

121

す。Say hello to the chorus members.

Leaders: Hello, everyone.　Nice to see you.　I'll be the leader of Group 1.（以下、2人のリーダーも同様にする）注③

S.M.: This is the heroine, Little Match-Seller.「マッチ売りの少女」の主人公です。ところで、皆さんは「マッチ売りの少女」の名前を知っていますか？　知らない？　そう。では名前をつけましょう。何がよいですか？　Mary？　では主人公に質問してみましょう。　Hello, nice to see you.注④　What is your name, please?

Girl: Hi!　My name is Mary.　I am a salesgirl of matches.

S.M.: You sell matches.　Show us your matches.（観客に）昔は電気がなかったから、火をつけるにはマッチが必要だったんだね。Thank you Mary.（リーダーの1人に）Do you know her?

L1: Yes, I do.　She is cute.　But her family is very poor.注⑤

S.M.: Does she have a mother?

L2: No, she does not.　Her mother died two years ago.

S.M.: Oh, I am sorry to hear that.　But how about her father?

L3: She has a father.　But he doesn't work.　He always drinks whisky.

S.M.: Oh, poor girl!　Who will play Father?注⑥　Oh, you will.　All right.　Sit down on the chair and play the role of Father.　We need Mary's mother.　Who will play her role? OK, you will.　Thank you.　お母さんの出番は劇の最後のほうだから、合図があるまで、このうしろで待っていてね。注⑦ Are you all ready?　Let's start the drama. （このやりとりは英語でも、日本語でも、あるいは混ぜて言ってもよい。最初のせりふはS.M.のせりふを3人のリーダーが繰り返す。）

S.M.: A long, long time ago, there lived a girl.　Her name was Mary.

L: A long, long time ago, there lived a girl.　Her name was Mary.

S.M.: She was cute but very poor.

L: She was cute but very poor.

S.M.: Her mother died two years ago and her father didn't work.

L: Her mother died two years ago and her father didn't work.

S.M.: Now, look at her father.　He is drinking whisky a lot and has got drunk.

Father:（酔っ払って）注⑧ Mary, bring me whisky!　No whisky?　Go

注③　リーダーは学年主任がしてもよい。

注④　話す時には、真ん中に連れ出すようにして話します。

注⑤　リーダーの会話も上手く返事が出ない場合はS.M.が小声で教える。

注⑥　父親役はすでに酒に酔っている感じで椅子に座る。

注⑦　ついたてのうしろに連れていく。

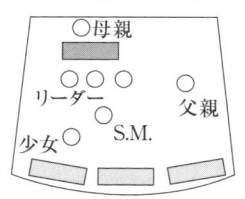

注⑧　酔っぱらって立ち上がり、近づいてきたメアリーにどなりちらす。最後にメアリーを押し出す。自分はまた、酒を飲み続ける。

and buy some! No money? Go out and sell matches. Buy me some whisky. Or I'll hit you! Get out of here and get some money! And get some whisky for me!

L: Oh, poor girl. I hate the man. He acts like an animal. etc.

S.M.: Maryは寒い冬の町にマッチを売りに出かけました。外は北風が吹いていました。注⑨ Everybody, 北風の音をどうぞ！ Chorus, walk slowly to your group. Mary, stop them and ask them to buy some matches.（リーダーはそれぞれのグループに通行人のようにして歩いて戻り、その間に一人ずつMaryにマッチを断る会話をする）注⑩

Mary: Excuse me. Please buy some matches.

L: No, no! Go away! / I don't need any matches. / I have a lot of matches. etc. 注⑪

S.M.: 通行人に相手にしてもらえなかったMaryは、ある家に来ました。Mary, walk to Group 1's house. 窓からのぞいてみると、皆が楽しそうに歌を歌っていました。（グループ1はリーダーの指示で歌う。注⑫ Maryは歌が終わるまで、立ち止まって聞いている）

S.M.: Maryは「みんな幸せなのに、私は寒くて、おなかがすいている」と思いました。

Everybody is happy. But I am hungry and cold.

Mary: Everybody is happy. But I am hungry and cold.

S.M.: Maryは次の家に行きました。Mary, walk to Group 2's house. そこでは、皆が楽しそうにゲームをしていました。（Group 2 はゲームをして笑う。Maryはそれを見ている）

Mary: Everybody is happy. But I am hungry and cold.

S.M.: 北風がまた、一層、激しく吹いてきました。Everybody, north winds, please. Maryは飢えと寒さで倒れそうになりながら、次の家にきました。扉をノックしました。Knock, Knock, Knock. 中から「だれだい？」という返事がしました。Who is it?

Group 3: Who is it? Is it Santa Claus? etc.

S.M.: 今晩は。マッチ売りです。マッチを買ってください。おなかがすいて寒いのです。

Mary: Good evening. I'm a match-seller. Please buy some matches. I am hungry and cold. Please buy some matches.

Group 3: Oh, it's not Santa Clause. We don't need you. We have a

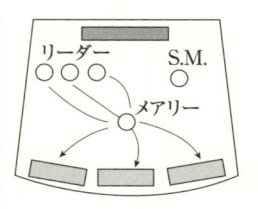

注⑨ 父親は目立たないようについたての後ろにかくれる。

注⑩ せりふはS.M.が教えてやる。

注⑪ リーダーたちはそれぞれ寒さや雪や自分の用のことで頭が一杯で、Maryに冷たくあたり、それぞれの家（グループ）に帰る。Maryは一人ずつ、一生懸命に頼むが聞いてもらえず、雪の中に倒れ、そこから立ち上がる。S.M.はMaryと一緒に歩いてゆく。

注⑫ それぞれのグループで、歌やゲームなど、やることは事前に決め練習しておく。自分たちの場所から立って、中央に動いて演技する。終わったら戻る。

lot of matches. It's cold. Close the door and go away. etc. 注⑬

S.M.: Maryはがっかりして扉を締めました。家の人たちはプレゼントを交換し、クリスマスの歌を歌いはじめました。

Group 3： Here's something for you. Oh, it's very nice. Thank you very much. Let's sing a Christmas song! 注⑭

S.M.: どの家でも楽しいクリスマスの歌や笑い声が聞こえてきました。Mary はそれを聞きながら、飢えと寒さで雪の中に座りこんでしまいました。（歌が終わる）

S.M.: （メアリーに）他の人は皆楽しんでいるのに。私はおなかがへって、凍えそう。注⑮

Mary: Everybody is happy. But I am hungry and cold.

S.M.: （メアリーに）Mary, you have a lot of matches. Use them and warm yourself.
そうだわ。マッチを使ってあったまりましょう。That's true. I'll light up some of them.

Mary: That's true. I'll light up some of them.（マッチを燃やす）

S.M.: するとどうでしょう。それぞれの家から、沢山のご馳走をもった人が出てきたのです。注⑯

Chorus: Mary, try this turkey. How about this cake? Please eat some fruit.

Mary: Oh, thank you very much. I'm hungry and cold.

S.M.: でも、Mary が食べようとすると、人も食べ物も消えてしまいます。（手を差し出すがメアリーからさっと身を引いて家に戻る）それは、幻だったのです。「みんな、意地悪だわ。お母さんに会いたい。そうだ、マッチを全部燃やしてしまおう。」Mary はそう考えて、持っていたマッチを皆、一度に燃やしてしまいました。「お母さん、寒くておなかがすいて死にそうなの。一人にしないで。一緒に連れていって」

Mary: Mother, I am cold and hungry. Don't leave me alone. Take me with you.

S.M.: すると幻のなかにやさしいお母さんが現れました。（母親がついたてのうしろから登場）注⑰ Mother, come out and walk up to Mary. Hold her kindly. いいわ、メアリー。一緒に天国に連れてゆくわ。私の手に捕まって。

注⑬　グループ内のせりふは、S.M.が教えてもよいし、リーダーが教えても、各自が勝手に作っていってもよい。日本語が混ざってもよい。
◀歌を歌うときも、やはり中央に出て歌う。

注⑭　クリスマスの歌はグループ3だけでなく、コーラスの全員が楽しそうに歌い、笑い声が聞こえる。

注⑮　S.M.だけはメアリーの側に立っている。全員がもとの場所に戻ってから、メアリーを中央に連れて行きながら話す。

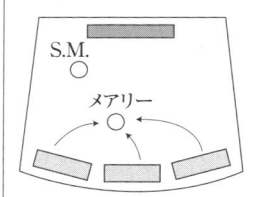

注⑯　それぞれのリーダーがごちそうを見せて、また消えてゆく。メアリーはそれを取ろうとするのだが幻なので取れない。

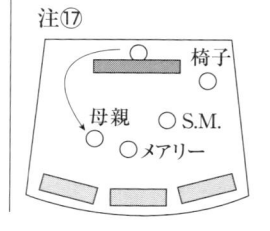

注⑰

Mother: Yes, Mary. I'll take you with me. Let's go to heaven. Hold my hand.

S.M.: はい、お母さん。一緒に行きます、さようなら、皆さん。

Mary: Yes, mother. I'll go with you. Good-bye, everyone. I'll go to heaven with my mother. Good-bye. 注⑱

S.M.: Maryはお母さんの手を握り、2人の魂は天国に上ってゆきました。（2人は舞台をゆっくりと回る。最後はメアリーは椅子に倒れ、母親はメアリーに白いショールを掛けて寝かしつけるようにした後で、消えてしまう）そのとき教会の鐘が一斉になりました。Everybody, together. Ding-dong, ding-dong, ding-dong. Once again! それから、強い北風が吹きました。（少しの間）

S.M.: It's morning! Christmas morning! お互いにMerry Christmasと言い合いましょう。Everyone: Merry Christmas. Merry Christmas.

S.M.: Chorus, walk out of the house and look at the girl. あれはなんだろう。注⑲

Leaders: What is that?

S.M.: Chorus, walk slowly to the girl. 彼女は何をしているのかな。眠っているのかな。

Leaders: What is she doing? Is she sleeping?

S.M.: 死んだんだよ。No, she is dead.

Leaders: She is dead! She is dead! 注⑳

S.M.: だれが彼女を死なせたのだろう？ Who killed this poor girl?

Leaders: Who killed this poor girl?

S.M.: （コーラスの一人一人に）Did you kill her? Did you kill her? Did you kill her? 注㉑

Leaders: No, no. No, I didn't. I didn't kill her.

S.M.: それは私たちかもしれない。Maybe we killed her. We were not kind to her. 注㉒

Leaders: Maybe we killed her. We were not kind to her.
（背後から、母親の悲しい子守歌が聞こえてくる）注㉓

S.M.: Let's pray for her and be kind to others.

Leaders; Let's pray for her and be kind to others.

S.M.: そして、もう一度、皆で弔いの鐘をならそう。Ding, dong, ding,

注⑱ 母親とメアリーはS.M.に案内されるような形でぐるりと場をゆっくりと円を描きながら回る。やがて、椅子に座らせる。

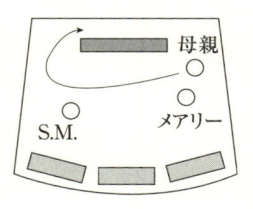

注⑲ それぞれのリーダーが出てきて、そっとメアリーに近づく。

注⑳ はじめて、驚いて。

注㉑ 激しく、一人ずつ責めるように。

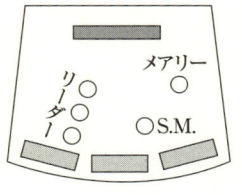

注㉒ G1、2、3の全員を示して。

注㉓ 英語の悲しい子守歌でも、日本語の子守歌でもよい。

125

dong. Once more.

Thank you very much. This is the end of our play. I hope you have enjoyed it.

Leaders: This is the end of our play. We hope you have enjoyed it. 注㉔

S.M.: では、お父さんもお母さんも出てきてください。皆さんに挨拶をしましょう。

Everyone: Good-bye and thank you.

S.M.: 皆で劇をした感想はどうでしたか。どこが良かったですか。こうすればもっと面白くなるというアイデアはありませんか。今度はキャストを変えてやってみましょう。参加したい人は？

注㉔ ここで劇が終わったので一度拍手する。全員で挨拶したところでもう一度拍手。

例2　もう一人の桃太郎

　同じ参加劇でも、演技する子どもに練習をさせて、せりふはコーラスにシナリオを見ながら言わせ、教師が進行役を勤めて、見物の人たちも巻き込んで公演する形もあります。三次市の川地小学校で実施した「もう一人の桃太郎」はそのような参加劇です。

Another Peach Boy のシナリオ

(ステージの上に登場人物と「呼びかけ役」、ステージ下に「進行役」を右ページ上の図のように配置する。

　呼びかけ役は7人おり、登場人物と観客に向けて、劇の流れを示す呼びかけをする。注①　必ず1人が言葉を発し、残り6人がそれを繰り返すようにする。「進行役」は、場面が変わるたびに劇の説明を日本語で行なう。また、大きな文字を書いたカードを示し、劇の流れに合わせて観客に声に出すように指示する。観客は進行役の合図で、大きな声で言葉を発し、劇に参加する。)

注① いわば能舞台の謡のような形になる。

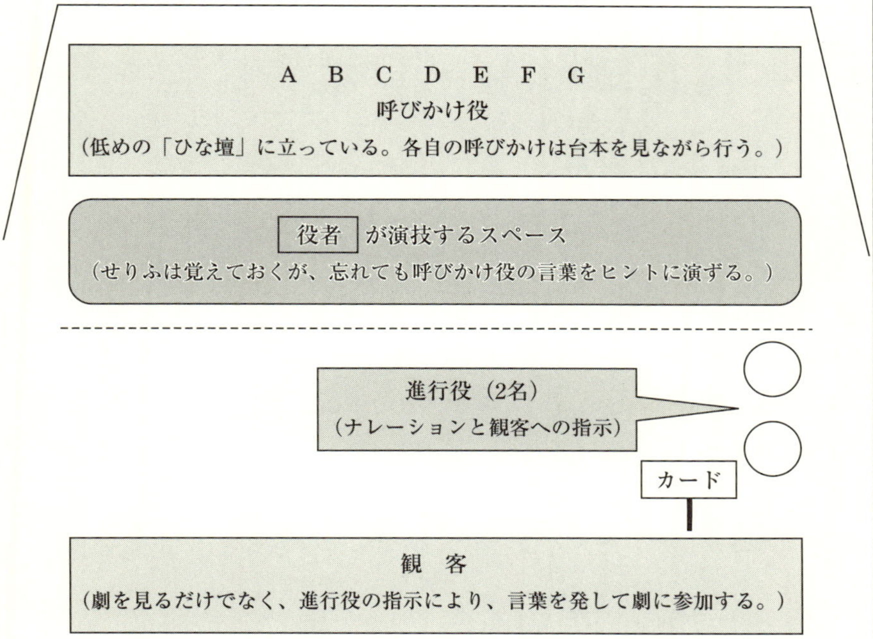

第5章 ドラマ的な活動

```
┌─────────────────────────────────────┐
│        A  B  C  D  E  F  G           │
│           呼びかけ役                   │
│ (低めの「ひな壇」に立っている。各自の呼びかけは台本を見ながら行う。) │
└─────────────────────────────────────┘

┌─────────────────────────────────────┐
│      役者 が演技するスペース            │
│ (せりふは覚えておくが、忘れても呼びかけ役の言葉をヒントに演ずる。) │
└─────────────────────────────────────┘

         ┌──────────────────┐
         │   進行役（2名）      │  ○
         │ (ナレーションと観客への指示) │  ○
         └──────────────────┘
                           [カード]

┌─────────────────────────────────────┐
│               観　客                  │
│ (劇を見るだけでなく、進行役の指示により、言葉を発して劇に参加する。) │
└─────────────────────────────────────┘
```

進行役：これからお見せするお話の題はAnother Peach Boy「もう一人の桃太郎」です。みなさんがよく知っている「桃太郎」にとってもよく似たお話ですが、ちょっとだけちがいます。

　みなさん、この英語劇はみなさんといっしょに演じる劇です。私たちが進行役です。「これを言って！」と私たちがこのようにカードを出しますから、みなさんは必ずそれを声に出して言ってください。そうすればこの劇はとっても盛り上がります。それでは、ちょっと練習してみましょう。

　※いくつか例を挙げ、観客と練習する。

昔々あるところにおじいさんとおばあさんが住んでいました。（おじいさんとおばあさんが登場する。）注① とっても仲の良い二人は、ある日川沿いの道を散歩していました。（「川」と書かれたカードを示す。）

観客：サラサラ・・・、ザー・・・など

進行役：そこへ、川上から大きな桃が流れて来ました。注②
　（「桃」のカードを示す。）

観客：ドンブラコ、ドンブラコ・・・など

注①
```
┌──────────┐
│ ・・・・・・・  │
│ ‥‥‥‥‥‥  │
│          →  │
│  おじいさん、おばあさん │
└──────────┘
```

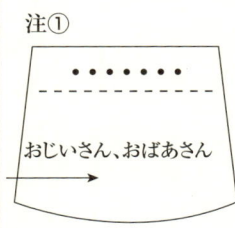

注②
```
┌──────────┐
│ ・・・・・・・  │
│ ‥‥‥‥‥‥  │
│ おじいさん      桃 │
│ おばあさん  ←  ○ │
│ ○○   中央へ    │
└──────────┘
    桃が入ってくる
```

127

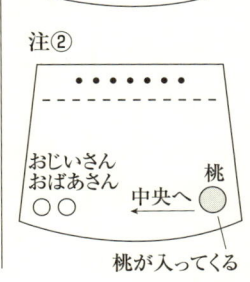

呼びかけA：Oh, a big peach!

呼びかけ全員：A big peach!

呼びかけB：Get it!

呼びかけ全員：Get it!

おじいさん：OK.（川に入って桃を拾い上げるジェスチャー）

おばあさん：Be careful, Ojiisan.

呼びかけC：It's heavy.

呼びかけ全員：It's heavy.

おじいさん：Help me, Obaasan.

おばあさん：OK.（二人で桃を運ぶ）

進行役：（「よいしょ」のカードを示す。）

観客：よいしょ、よいしょ・・・など

進行役：おじいさんとおばあさんは家に帰り、さっそく桃を切ってみることにしました。

呼びかけD：Cut it.

呼びかけ全員：Cut it.

おじいさん：Let's cut it.（二人で桃を切る。）

進行役：（「泣き声」のカードを示す。）

観客：オギャー！・・・など

呼びかけE：It's a baby.

呼びかけ全員：It's a baby.

おじいさん：（赤ちゃんを抱き上げて）Very cute!

おばあさん：Very cute!

呼びかけF：He is Momotaro.

呼びかけ全員：He is Momotaro.

進行役：桃太郎は大きくなり、強い子になりました。強いけど、とても優しい子でした。でも、ちょっと忘れっぽいところもありました。ある日、桃太郎は、村に来てはいたずらばかりしてみんなを困らせている鬼たちのことを聞きました。そして、鬼たちをこらしめるために鬼が島に行くことにしました。

桃太郎：I'm going to Onigashima.

呼びかけG：It's dangerous.

呼びかけ全員：It's dangerous.

おじいさん：Are you OK?

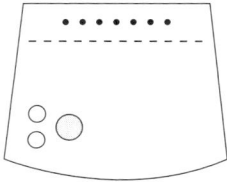

2人で桃を切る。中から桃太郎が出てくる。

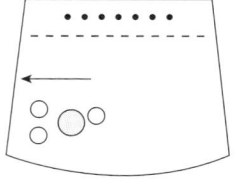

おじいさん、おばあさん。桃太郎、桃を持って退場。

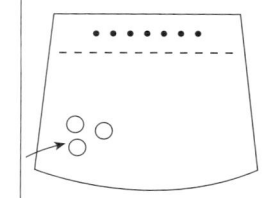

おじいさん、おばあさん、桃太郎の3人が入ってくる。

桃太郎：Yes.
おばあさん：Wait, Momotaro.（キビ団子を持ってくる。）
呼びかけA：What is it?
呼びかけ全員：What is it?
呼びかけB：It's Kibidango.
呼びかけ全員：It's Kibidango.
おばあさん：（団子を渡しながら）This is for you.
呼びかけC：It's delicious.
呼びかけ全員：It's delicious.
桃太郎：Thank you. See you, Ojiisan, Obaasan.
おじいさん・Good luck.
おばあさん：Good luck. 注③
進行役：（「拍手」のカードを示す。観客が大きな拍手）
　　島へ行く途中、桃太郎には友だちができました。
キジ：Hi.
桃太郎：Hi. What's your name?
キジ：Kiji. What's your name?
桃太郎：Momotaro. Let's be friends.
キジ：OK.
呼びかけD：Good friends.
呼びかけ全員：Good friends.
犬：Hi.
桃太郎・キジ：Hi. What's your name?
犬：Dog. What are your names?
桃太郎・キジ：Momotaro. Kiji. Let's be friends.
犬：Sure.
呼びかけE：Good friends.
呼びかけ全員：Good friends.
サル：Hi.
桃太郎・キジ・犬：Hi. What's your name?
サル：Monkey. What are your names?
桃太郎・キジ・犬：Momotaro. Kiji. Dog. Let's be friends.
サル：No problem.
呼びかけF：Good friends.

第5章　ドラマ的な活動

注③　おじいさん、おばあさん退場。桃太郎はステージの上を歩き回る。

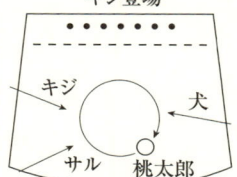

桃太郎（と仲間）が舞台を歩き回っている間に、つぎつぎと登場して仲間が加わる。仲間を増やしながら会話が続く。

129

呼びかけ全員：Good friends.

呼びかけG：Where are you going?

呼びかけ全員：Where are you going?

桃太郎：We'll go to Onigashima.

キジ・犬・サル：Where is Onigashima?

桃太郎：Over there.

キジ・犬・サル：Oh, I see.

桃太郎：Let's go for a picnic.

キジ・犬・サル：Good idea!（桃太郎、サル、キジ、犬退場）注④

観客：えー！　ピクニック？、など。

進行役：（「拍手」のカードを示す。観客は拍手）

進行役：四人は、小さな船に乗って鬼が島に向かいました。

　　　（「波」のカードを示す。）

観客：ザブーン、ザブーン・・・など

呼びかけA：Look.

呼びかけ全員：Look.

　　　（赤鬼、桃太郎たちがやってくる方向を見る。）注⑤

　　Momotaro is coming.

呼びかけB：Momotaro is coming.

呼びかけ全員：Momotaro is coming.

赤鬼：That's Momotaro.

青鬼：What?

黄鬼：He is very strong.

赤鬼・青鬼・黄鬼：（おびえた様子で）What shall we do?

呼びかけC：Hide.

呼びかけ全員：Hide.

赤鬼：Let's hide.（岩のかげに隠れる。）

　　This is Onigashima.

キジ・犬・サル：Nice.注⑥

呼びかけD：What are you doing?

呼びかけ全員：What are you doing?

桃太郎：Let's enjoy picnic!

キジ・犬・サル：Good!

桃太郎：Here.（キビ団子を出す）

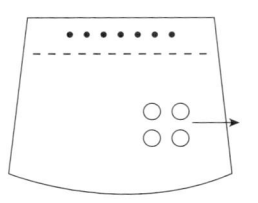

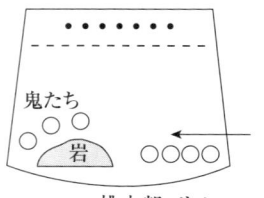

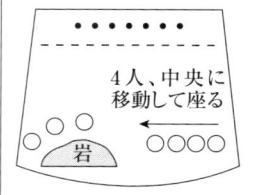

■ 第5章　ドラマ的な活動

キジ・犬・サル：Wow!
呼びかけE：It's Kibidango.
呼びかけ全員：It's Kibidango.
（鬼たち、金棒を持って気づかれないように出てくる。）
呼びかけF：Watch out!
呼びかけ全員：Watch out!
　（鬼たち、さっと隠れる。）注⑦
桃太郎：What?
（鬼たち、また出てくる。）
キジ・犬・サル：I don't know.
進行役：（「Watch out!」のカードを示す。）
呼びかけG：Watch out!
観客：Watch out!
　（赤鬼が見つかる。）注⑧
赤鬼：（おびえた様子で）Hi.
桃太郎：Hi. What's your name?
赤鬼：Red ogre.
桃太郎：Let's be friends.
赤鬼：What?
呼びかけA：Good friends.
呼びかけ全員：Good friends.
呼びかけB：Come out!
呼びかけ全員：Come out!
　（青鬼、黄鬼出てくる。）注⑨
桃太郎：Hi. What are your names?
青鬼：Blue ogre.
黄鬼：Yellow ogre.
桃太郎：You are ogres.
赤鬼・青鬼・黄鬼：Yes, we are.
桃太郎：（桃太郎、用事を思い出そうとして）Ogres…
赤鬼・青鬼・黄鬼：What are you doing?
桃太郎：Oh, picnic!
キジ・犬・サル：Join us.
赤鬼・青鬼・黄鬼：Thank you.

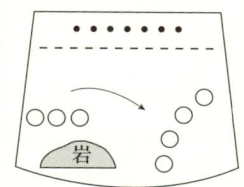

注⑦
鬼たち、桃太郎たちのところに近づいたり、離れたり。

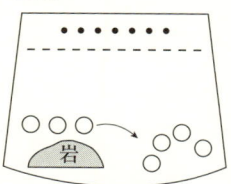

注⑧
赤鬼、桃太郎たちに近づく。

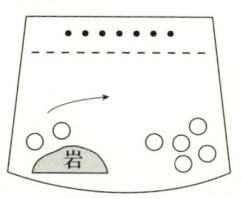

注⑨
青鬼、黄鬼、岩かげから中央へ移動

（みんなでキビ団子を食べる。）注⑩

全員： Delicious!!

桃太郎： We are friends.

赤鬼： Friends?

青鬼： Really?

黄鬼： Do you like us? Do you really like us?

キジ・犬・サル・桃太郎： Of course.

進行役： （「Good Friends」のカードを示す。）

呼びかけC： Good friends.

観客： Good friends.

呼びかけ全員： Good friends!

進行役： （「拍手」のカードを示す。）拍手

進行役： いっしょに食べたキビ団子があまりにおいしくて、みんなすっかり仲良しになりました。桃太郎たちと友だちになったので、鬼たちは、もういたずらはやめようと思いました。桃太郎は、結局鬼が島に何しに来たのか忘れてしまったようです。でも、めでたし、めでたし。注⑪

桃太郎： Thank you very much!

全員： Thank you very much!

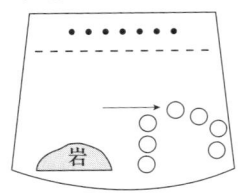

注⑩

鬼たち、桃太郎たちにさらに近づき、座る。

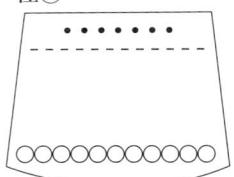

注⑪

役者全員立ち上がり、呼びかけ役と一緒に一列に並ぶ。

指導上の留意点　この劇は学習発表会で5、6年生全員が出演者となり、1〜4年生の子ども、保護者、地域のみなさんを観客に演じたものです。子どもが長いせりふを暗記して演じる見事な劇をつくろうとせず、少ない英語で、大きな体の動きや豊かな表情などで意味を伝えることを大切にしました。

　9名の6年生が役を演じました。それぞれの役者がせりふを言う前に呼びかけ役の5年生がコーラスでせりふの内容や劇の流れを表す短い英文を言うように設定しました。5年生は必要ならメモを見ながら呼びかけの文を言うため、自分の文を全て暗記する必要はありません。それよりも、役者や観客に届く大きな声で堂々と声を出すことが求められました。また、観客の参加を求めるために、5、6年生の担任2名が進行役を務めました。2名の教師は、大きなカードを用意しており、それを観客に見せることで、効果音や役者への掛け声などを観客から求めました。この方法はとても簡単でうまく機能しました。保護者や地域のみなさんは、ただ劇を見るだけでなく、客席からそれに参加しなければいけないということで、会場全体にいい意味での緊張感があり一体となって盛り上がりのある発表となりました。

　役者を演じた6年生たちは、はじめは英語のせりふをたくさん暗記しなければならないと思っており、少し躊躇した様子も見えました。しかし、劇のしくみを理解していくにつれ、ことば以外の方法で登場人物の気持ちを効果的に表現するにはどうすればよいかを考えるようになりました。同時に、少ないせりふをできるだけ英語らしく言いたいという気持ちも強くなったようで、ALTに自分たちのせりふを言ってもらい、それらを録音して、授業で熱心に練習する姿も見られました。当日は、全員がステージの上でいきいきと役を演じていました。一日の学習発表会で、さまざまな発表があるなかで、この「もう一人の桃太郎」は、観客のアンケートで「最高の出し物」に選ばれました。とても、充実感のある取組みとなり、子どもの自信にもつながった上演でした。

第4節 物語を劇にして上演する活動

　子どものよく知っている物語をもとに劇を作り、せりふや動きも暗記させ、練習して舞台の上で公演する活動もあります。次に紹介する「浦島太郎」は、担任の猪俣教諭と2年生のクラスが取り組んだ活動ですが、子どもの発想を生かしてせりふを変えたり、浦島太郎や亀や乙姫は全てダブル・キャストにし、乙姫が浦島をもてなす場面では、なん人かの子どもが自分の得意とする技、たとえば、サッカー・ボールのリフティング、コマ回し、バイオリン演奏や、英語活動で練習した歌が入るなど、多彩な発表の機会となりました。ですから、以下の台本は、いわば活動開始前の教師のメモのようなものだったと言ってもよいでしょう。劇作りの過程を報告します。

作り方

　日本語で演じる劇とは違って、「始めにせりふありき」とは考えません。まず、話の内容を読み取って登場人物の動きから始めます。先生が英語でお話を読んでやり、聞き取った言葉を頼りに、子供たちが動くのです。TPRやドラマ的な活動が、ここに活かされてきます。

　低学年や、英語の聞き取りにまだ慣れていない場合は、古典的な童話などがおすすめです。なぜなら、①誰もが話の内容・登場人物・結末を知っている、②同じような動きやせりふが繰り返しでてくる、③内容が単純なものが多く、演じるのが簡単である、④見ている者にも分かりやすい、⑤話が短いものが多い、などの理由からです。ここでは、「浦島太郎」を取り上げてみます。

　通常の英語活動の中に、毎回劇づくりの時間を15～20分くらい取ります。子どもたちの興味や集中力に合わせて、変更してもかまいませんが、20分程度で「もっと、やりたい」と思わせて終わるくらいがいいと思います。練習のための総時間数は10時間程度。英語活動の時間以外からも時間を見つけて活動に取り入れての時間です。この程度の時間で仕上がるものがいいでしょう。3学期の活動に向いていると思います。

第1時間

① 演じる劇を決定する。いくつかの作品から子どもたちに選ばせます。
② お話を先生が英語で紹介します。絵本、ＣＤ、紙芝居、人形など具

体物を用意することをおすすめします。
③　全文終わった後で、聞き取れた言葉や、出てきた人物について発表させたり、一番心に残ったところを話し合わせて物語の内容をシェアさせます。

> 第2時間

① 劇づくりの開始です。場面を4つに分け、第一のシーンの劇づくりを始めます。
② 先生が英語でお話を読みます。内容に合わせて、一斉に自分で動作をさせます。
③ 次に、クラスを半分に分けて一方が演じ、一方を観客にします。感想を述べ合ったり、上手な子どもを選んだりさせます。たとえば、浦島太郎が自己紹介をするときのせりふを先生が読みます。

　　　（例）　Hello, I'm Urashima Taro.
　　　　　　I live near the sea.
　　　　　　I love the sea.
　　　　　　Let's go to the sea.

④ 先生の英語を聞いて、子どもたちに、動作させます。太郎が自己紹介するところでは、どんな風に子どもたちは動くでしょう。胸に手を当てるでしょうか。自分を指差すでしょうか。上手に出来た子どもに "Spotlight on Yamada-kun." などと言って、ほかの子どもにも注目させます。Give him/her a big hand. などの指示で、拍手でたたえて終わりたいものです。
⑤ なん度かやって慣れてきた子どもにはせりふも言わせます。せりふがなくてもよいし、観客に言わせるという方法でもよいです。
　以上のように小刻みに、進めて行きます。

> 第3時間

　第2の場面。第1の場面と同じ手順で行います。以下第4の場面まで同じです。

> 第4時間　　　第3の場面

第2部　実践事例編

第5時間　　　第4の場面。第5時間までは、場面を変えて同じ活動を行います。

第6時間
・第1、第2の場面のジョイント。
・これまでの活動を振り返り、半分までのストーリーを続けて演じさせます。
（例）浦島太郎役5人、カメ役5人、子ども役5人、やりたい子どもを教室の真ん中に出させる。ほかの子どもは観客。教室の後方か、左右で見させます。
・先生が、せりふを読んで、役の子どもたちが演じる。
・演じたグループと見ていたグループで感想を述べ合う。
・グループを代える。
・次は子どもたちに、せりふを言わせて演じさせる。どの役も複数いるので助け合ってやらせる。多少、言葉が変わっても短くなってもよしとする。先生は状況に応じて助け船を出す。動作が中心なので、無言でも意味が通じればほめる。

第7時間
・第3、第4の場面のジョイント。
　第1、第2の場面のときと同様に進めます。

第8・9時間
・第1〜第4の場面を通してやってみます。簡単な小道具も持たせると一層楽しく活動できます。発表するにも、目的に応じていろいろな方法があります。
① 全員が1つの役を演じて、授業参観で保護者に見てもらう。
② 学習発表会でほかのクラスに見てもらう。この場合、登場人物は複数。浦島太郎は5人。みんなでせりふを言わせるか、1つずつ割り振ってせりふを言わせる。
③ クラスを2つ、または3つ以上のグループに分けてお互いに発表を見合う。この場合、グループにある程度任せて、自主的に練習させた後、発表させる。

④ ナレーターと役に分かれる。役になった子どもは動作だけ行う。観客役を作って、最後にコメントするという設定でもよい。
⑤ すべての子どもがすべての役を順番にやる。この場合、観客は先生。見せることより、演じて楽しむことを重点にした活動。

> 第10時間　まとめ

・発表の時間です。これまでの集大成として評価しましょう。
・学習発表会等で、広いところで発表するのであれば、やはりBGMや簡単な背景があった方が、ぐっとすばらしいものになります。
・活動に慣れてくれば、高学年では創作劇にも挑戦できると思います。

対訳版　うらしまたろう

　この台本は小学校2年生が発表用に用いたものです。はじめに子どもたちの活動をもとに、日本語の部分を担任が作成し、それを中学校教員が英訳しました。なるべく簡単で短い表現となるように心がけました。ただ、台本ができても、それを忠実に演じるのではなく、授業者の覚え書きとして用いました。なお、イタリックで表記されている部分はナレーターのせりふです。

う1：Hello, I'm Urashima Taro.	こんにちは、ぼく、うらしまたろう。
う2：I live near the sea.	ぼく、海の近くにすんでるの。
う3：I love the sea.	海、大好き。
う4：Let's go to the sea!	さあ、海に行こう。
う5：Fishing!	つりしよう。
う1：Swimming!	およごう。
う2：Surfing!	サーフィンしよう。
う3：Diving!	ダイビングしよう。
う4：Baseball!	野球しよう。
う全：No way!	できない、できない。
う5：Let's go!	レッツ ゴー
う全：Let's go!	レッツ ゴー
子1：A turtle! A turtle!	かめだ。かめだ。
子全：A turtle! A turtle!	かめだ。かめだ。

子2：	Oh, it's big!	オー、大きい。
子3：	Turn it over!	ひっくりかえせ。
子全：	Turn it over!	ひっくりかえせ。
う1：	Hey, stop it!	これこれ、（かめをいじめるのは）よしなさい。
う2：	The turtle is scared.	かめがこわがっているよ。
う3：	The turtle is crying.	かめが泣いているよ。
子全：	No, no!	ちがうちがう。
子4：	It's not scared.	かめはこわがってないよ。
子1：	It's not crying.	かめは泣いてないよ。
子2：	We're playing with the turtle.	いっしょにあそんでるんだよ。
子3：	The turtle is happy!	かめも楽しんでるよ。
う4：	Won't you trade the turtle for this candy?	かめとこのアメを交換しない？
子4：	No.	いらなーい。
子全：	No.	いらなーい。
う5：	Mmm... How about this Poke'mon card?	じゃあこのポケモンカードはどうだ。
子1：	No.	いらなーい。
子全：	No.	いらなーい。
う1：	Well... How about this video game?	じゃあこのゲームソフトでどうだ。
子2：	You mean it?	ほんと？
子全：	Yes! We love video games!	いいよいいよ。ほしいほしい。
子3：	Bye, Turtle!	かめくん、またね。
子4：	You are generous, Taro-san!	たろうさん、気前がいいね。
子1：	Thank you!	ありがとう。
子全：	Thank you! Bye-bye!	ありがとう。バイバーイ。
う2：	Come on, Turtle. You'd better go.	さあ、かめさん。早く海におかえり。
う3：	Never come back to the beach.	もう、この浜にもどってくるんじゃないよ。
か1：	Thank you, Taro.	たろうさん、ありがとう。
か2：	What a nice boy!	なんていい人！
か3：	I'll never forget you!	たろうさんのことは決して忘れません。
か全：	Thank you. Goodbye.	ありがとう。さようなら。

A few days later. On the beach.

か4：Hello, Taro-san.	たろうさん、こんにちは。
か5：Nice to see you again.	またあえてうれしいです。
う4：Oh, Turtle, nice to see you again.	ああ、かめさん。
う5：How are you?	げんきですか？
か全：I'm very fine.	とってもげんきでーす。
か1：Why don't you come with me?	わたしといっしょにきませんか？
う1：To where?	どこに？
か2：To a really nice place.	いいところ。
う2：Game center?	ゲームセンター？
か3：No, no. A nicer place.	ちがうちがう。もっといいところ。
う3：Disneyland?	ディズニーランド？
か4：No, no. A wonderful place.	ちがうちがう。もっと楽しいところ。
う4：Hawaii?	ハワイ？
か5：No, no. More beautiful.	ちがうちがう。もっと美しいところ。
う5：Mmm... I have no idea. Where is it?	えー、わかんない。それはどこ？
う全：Where is it?	それはどこ？
か1：It is... Ryugujo!	りゅうぐうじょう。
うか全：Ryugujo!	りゅうぐうじょう。
か2：Let's go!	さあ、行きましょう。
か3：Please have a ride on my back.	わたしのせなかにのってください。
うか全：Let's go to Ryugujo!!	りゅうぐうじょうにしゅっぱつ！

Urashima Taro and the turtle went into the sea. Taro found a beautiful castle on the bottom of the sea.

か4：Now, here we are.	さあ、とうちゃくです。
か5：This is Ryugujo.	ここがりゅうぐうじょうです。
う1：Wonderful!	すばらしい。
う2：Beautiful!	うつくしい。
う3：It's like a dream!	ゆめのよう。
お1：Welcome to Ryugujo.	りゅうぐうじょうへようこそ。
お2：Mr. Urashima Taro, thank you for helping my turtle.	うらしまたろうさん、かめをたすけてくれてありがとう。
う4：Who are you?	あなたはだれ？
お3：I am Princess Otohime.	わたしはおとひめです。

Please have a good time. | どうぞ楽しんでください。
う5：Thank you, Princess. | ありがとう。

Urashima Taro had delicious meals and watched beautiful shows. He had a good time.
さ全：It's show time! | ショウタイム！

Taro spent a few days in the Ryugujo. Then he became homesick.

う1：Princess, I think I must go.	おとひめさん、そろそろ家にかえります。
お1：Oh, we'll miss you, Taro-san.	まあ、ざんねん。
う2：Thank you for your entertainment.	おいしいごちそうをありがとう。
う3：Thank you for your wonderful shows.	すてきなショーをありがとう。
お2：I'm glad you've had a good time.	たのしんでもらえて、よかったわ。
お3：I'll give you a nice present.	おみやげをあげましょう。
う4：A nice present? Thank you.	おみやげ？うれしい。
お1：This is "tamatebako."	これは、たまてばこです。
う5："Tamatebako?"	たまてばこ？
お2：Yes. But never open it.	けっして、あけてはなりません。
う全：No, I won't.	わかりました。あけません。
お3：Take care of yourself. Goodbye.	それではお元気で。さようなら。
うお全：Goodbye.	さようなら。

Then, Taro had a ride on the turtle again and came back to the beach.

う1：Mmm… Everything looks different…	おや、ようすがちがうなあ。
う2：Excuse me. Please tell me the way to Urashima Taro's.	すみません、うらしまたろうのいえはどこですか？
人1：Urashima Taro? I don't know him.	うらしまたろう？しらないねぇ。
う3：Excuse me. Do you know Urashima Taro?	すみません。うらしまたろうをしっていますか？
人2：No. Hum… a strange costume, isn't it?	しらないよ。あなたのかっこうかわってますね。
人3：The latest fashion?	最新のファッションですか？

う4：Excuse me. Do you know Urashima Taro?

人4：Urashima Taro? I heard of him long time ago.

う5：What happened?
う全：Mom, Dad, where are you? (crying)

While he was staying at the Ryugujo, one hundred years had passed in Taro's village.
う12：I miss you!
う34：What should I do?
う5：Oh, what if I open the "tamatebako?"
う全：What if I open the "tamatebako?"

Taro broke his promise and opened the tamatebako. Then, it puffed out smoke. Taro found himself an old man!   The end

■第5章　ドラマ的な活動

すみません。うらしまたろうをしっていますか？
うらしまたろう？　昔々聞いたことがあるような。
なにがおこったんだろう？
ママ、パパ、えーん。

さびしいよ。
どうしよう。
そうだ、たまてばこをあけてみよう。
そうだ、たまてばこをあけてみよう。

141

参考文献

佐野正之(2000)『アクション・リサーチのすすめ』大修館書店

佐野正之(1981)『教室にドラマを』晩成堂書店

佐野正之(2004)「日本の小学校における英語教育の現状と展望」吉島茂編集『外国語教育Ⅲ：幼稚園・小学校編』(朝日出版)

松川禮子(2000)「小学校英語学習のカリキュラム編成」『モノグラフ：小学校における英語教育の研究』中部地区英語教育学会

文部科学省(2001)『小学校英語活動実践の手引』(開隆堂出版)

足立望(2003)「シュタイナー学校における外国語教育：低学年の英語教育を中心に」『日本児童英語教育学会研究紀要』No. 22

Koster, C.J. (1986) English ELES in Netherlands: How Good Must a Teacher Be. Modern Language Journal. 70-1

Ellis, Rod. (1990) *Instructed Second Language Acquisition.* OUP

Sano, M. (1997) How to Develop Writing Proficiency in Japanese University Students. *JABAET Journal* No. 1.

Snarski, Maria. (2005) A Plan for Using "Save the Lofty Trees" by Leslie Mills. *English Teaching Forum 41-1*: Special Issue: Teaching English to Young Learners

編著者略歴

1938年新潟県生まれ。1959年新潟大学教育学部外国語科卒業、1967年ワシントン大学大学院(演劇学)修了。横浜国立大学名誉教授。主な著書に『英語劇のすすめ』『英語授業にドラマ的手法を』『新しい英語科教育法』『異文化理解のストラテジー』『アクション・リサーチのすすめ』(いずれも大修館)『検定教科書 Sunshine English Course(中学校用)』(共著・開隆堂) などがある。

[執筆者]
第1部
 第1章 佐野正之
 第2章 佐野正之
第2部
 第1章 猪股あずさ(神奈川県藤沢市鵠洋小学校)
 第2章 宮原万寿子(国際基督教大学)
 第3章 粕谷恭子(東京学芸大学)
 第4章 粕谷恭子
 第5章 佐野正之・猪股あずさ・角濱慶司(広島県三次市教育委員会)
               ※所属は平成20年1月現在

学級担任のための
小学校英語活動の進め方 ゲームからドラマづくりまで

平成20年1月25日 初版発行   (定価はカバーに表示してあります。)
平成21年2月25日 2版発行

    編著者 佐野 正之
    発行者 開隆堂出版株式会社
       代表者 山岸 忠雄
    印刷所 三松堂印刷株式会社
      〒101-0065 東京都千代田区西神田3-2-1

    発行所 開隆堂出版株式会社
      〒113-8608 東京都文京区向丘1-13-1
      電話 03-5684-6115(編集)
    発売元 開隆館出版販売株式会社
      〒113-8608 東京都文京区向丘1-13-1
      電話 03-5684-6121(営業) 03-5684-6118(販売)
      振替 00100-5-55345 URL http://www.kairyudo.co.jp

JASRAC 出0718006-701   カバーデザイン:磯崎浩司
ISBN978-4-304-01342-3 C3037   本文イラスト:MS企画
                             落丁・乱丁はお取り換えします。